KB116630

이렇게 맛있는 철학이라니

이렇게 맛있는 철학이라니

지은이 오수민
펴낸이 임상진
펴낸곳 (주)넥서스

초판 1쇄 발행 2019년 12월 6일
초판 2쇄 발행 2019년 12월 10일

출판신고 1992년 4월 3일 제311-2002-2호
10880 경기도 파주시 지목로 5 (신촌동)
Tel (02)330-5500 Fax (02)330-5555

ISBN 979-11-6165-820-9 03100

이 도서의 국립중앙도서관 출판예정도서목록(CIP)은
서지정보유통지원시스템 홈페이지(http://seoji.nl.go.kr)와
국가자료공동목록시스템(http://www.nl.go.kr/kolisnet)에서
이용하실 수 있습니다. (CIP제어번호 : CIP2019046182)

www.nexusbook.com

일상 속 음식에서 발견한 철학 이야기

이렇게 맛있는 철학이라니

오수민 지음

넥서스BOOKS

  '철학'이라는 단어를 듣고 사람들이 보이는 반응은 크게 둘 중 하나로 나뉜다. 철학은 너무 어렵다며 무슨 얘기를 꺼내기도 전에 손사래부터 치는 '철학은 어려워'파. 그리고 "철학은 어차피 말장난 아닌가요?"로 시작해 "그래서 철학 하면 뭐 해 먹고 살아요?"로 끝나는 '철학은 비실용적'파. 운이 좋으면 제3의 유형을 만나기도 하지만, 내가 철학을 전공했다고 말함과 동시에 마주하게 되는 반응은 대개 둘 중 하나다.

  대학교에 입학하고 3년째 되는 해에 우연히 철학 수업을 듣게 되었는데, 어느 순간 정신을 차려보니 철학과로

전과 신청을 하고 있었다. 친구와 선배, 심지어 철학과 전공 교수님들까지 나의 취업을 염려하며 걱정을 표했지만 나는 기어코 철학과에 들어가고야 말았다. 뒤늦게 시작한 철학 공부인 만큼 매 학기를 전공으로 꽉 채워 들었고 졸업이 다가왔을 때 여기서 철학 공부를 끝내야겠다는 생각은 들지 않았다. 결국 대학원까지 가기로 했다.

이야기만 들으면 철학을 퍽 좋아했나보다 싶겠지만 사실 나는 본격적으로 철학을 공부하기 전에 앞서 말한 두 가지 유형에 전부 해당하던 사람이었다. 나는 원래 과학을 전공하고 있었는데 그 탓인지 철학 같은 사변적인 학문은 실용성이 없다는 편견을 갖고 있었다. 게다가 간간이 접하게 되는 철학자들의 말은 어찌나 어려운지. 니체가 어떻다는 등 칸트가 어떻다는 등 하며 파편적으로 접한 텍스트는 온통 알아들을 수 없는 것 투성이라 오히려 심리적 장벽만 높아지곤 했다.

그런 내가 어쩌다가 취업까지 담보하며(?) 철학의 길로 빠져버렸을까. 그건 정말 단순하게도 철학이 '재미있었기' 때문이다. 철학에는 문외한인 데다가 선입관까지 가지고 있던 나였지만 막상 직접 공부해보니 철학은 결코 너무 어려워서 범접하지 못할 것도, 공부해봤자 쓸모가 없어 삶에서 유용하지 않은 것도 아니었다. 그간 철학을 도통 알아들을 수 없는 이야기라고 생각했던 이유는 아무런 맥락 없이, 해석이 특히 까다롭다고 일컬어지는 철학자들의 텍스트를 접했기 때문이었다. 비단 철학뿐만 아니라 잘 알지 못하는 분야의 이야기를 처음 들으면 제대로 이해할 수 없는 게 당연한 것인데 무심코 "철학이니까"라며 전부 어렵다고 취급했던 거다.

또한 철학은 실로 다양한 분야를 아우르고 있어서, 무조건 아리스토텔레스나 데카르트부터 시작해야만 철학을 공부할 수 있는 것은 아님을 깨달았다. 언어철학에서는 마치 SF 소설을 방불케 하는 가설들을 읽으며 철학자들의 상상력에 혀를 내둘렀고, 현대 인식론에서 활발하게 진행되고 있는 논의들은 실시간으로 중계되는 스포츠 경기처럼 흥미진진했다. 그간 고루하다고만 생각했던, 예로부터 이어져 온 철학적 질문들도 그 맥락을 알고 나니 철학자들이 왜 그렇게 열심히 탐구해왔는지 공감할 수 있게 되었다. 우리가 사는 삶과 깊게 연관되어 있을뿐더러, 그렇기 때문에 긴 세월 동안 관심을 끌어왔구나 하고 말이다.

그뿐만이 아니었다. 철학 공부를 시작한 이후 나는 일상의 거의 모든 요소에서 철학적인 개념을 찾을 수 있었다. 하루는 바디워시가 다 떨어져 드러그스토어에 들어가 다양한 제품들의 설명을 읽으며 마음에 드는 걸 고르고 있는데 '자연주의naturalism'가 번뜩 떠올랐다.

'올바름'과 같은 이념적인 가치를 정의할 때 자연 속에 존재하는 자연물을 이용해 설명한다면, 그것은 '자연주의적' 설명이 될 것이라는 내용이 수업에 나왔더랬다. 그런데 내 손에 쥔 바디워시들은 어찌나 '비자연주의적'인 설명을 하고 있던지! "다마스크 장미와 레몬 버베나 향"이 난다고 했으면 참 자연주의에 합치하는 설명이었을 텐데, 내가 고른 바디워시는 "우아하고 사랑스러운 향"이라는, 어느 모로 보나 비자연주의적인 설명을 하고 있어서 고르는데에 애를 먹었다.

이렇게 일상 속에서 철학을 발견하는 일은 철학이 내 삶과 밀접한 것이라는 생각이 들게 했다. 덕분에 더욱 쉽게 철학에 다가갈 수 있었고 공부하는 내용을 보다 흥미롭게 탐구할 수 있었다. 나의 매일매일과 직접적으로 관계가 있는 일인데, 관심이 가지 않으면 오히려 이상할 터다.

결론적으로, 철학은 너무 재미있었다. 그간 철학을 모르고 살아온 나날들이 아까워질 만큼.

철학과 관련해 글을 쓰게 된 건 이러한 이유였다. 과거의 나처럼 철학에 대해 오해하며 철학의 재미를 모른 채 살아가는 사람들이 얼마나 많을까 했다. 이미 철학의 재미를 경험해본 나로서는 더 많은 사람과 함께 즐거움을 공유하고 싶은데, 그러지 못하는 것이 너무 아쉬웠다. 그래서 부족하나마 쓰기 시작했다. 일상 속에서 얼마나 쉽게 철학적 요소를 발견할 수 있는지에 대해서 말이다.

음식이라는 테마는 우리의 일상 중에서도 가장 가까이 있다. 많고 많은 소재 중에 음식을 통해 철학을 풀어내야겠다고 생각한 데에는 이러한 이유도 포함되었다. 읽는 이가 철학을 최대한 가깝게 느꼈으면 하는 바람이 있었기 때문이다. (물론, 내가 가장 좋아하는 두 가지를 합쳤다는 개인적인 욕심에서 비롯한 이유도 살짝 포함되어 있다.) 나와 가까운 곳, 매일 마주하는 식탁 위에서 철학을 찾아낼 수 있다면 철학이 삶과 유리되어 있다는 오해는 분명 풀릴 것이다.

철학에 관해 오해란 오해는 다 품고 있던 내가 이렇게 철학에 빠졌으니, 분명 다른 이들도 그 즐거움을 느낄 수 있을 거라는 확신을 가지고 글을 준비했다. 다만 시작하기 전 일러두고 싶은 말이 있다. 본래 철학은 책을 잡고 앉아서 공부해야 하는 학문이다. 나는 일상 곳곳에 철학이 있다고 말했지만, 그곳에 철학이 있을 뿐이지 그것 자체가 철학인 것은 아니다. 읽는 이의 마음속에서 철학을 둘러싸고 있던 벽을 깨고 한걸음 가까이 다가가는 것을 돕고자 하는 목적으로 이 글을 썼고, 또 그 과정에서 철학적 개념과 그 내용을 소개하고는 있지만 이 글이 제공해줄 수 있는 것은 거기까지다.

철학의 내용 자체에 대해 더욱 깊이 탐구하며 다양한 측면에서 논의를 살펴보는 것은 이후 독자가 직접 철학을 공부함으로써 이루어질 수 있을 것이다. 내 글이 칸트의 철학을 전부 설명해주지는 못하지만, 직접 칸트의 철학을 읽어보려는 마음은 갖게 해줄 거라고 믿는다. 그래서 보다 많은 사람이 보다 가벼운 마음으로 철학에 다가갈 수 있었으면 하는 마음이다.

01

맛있으면 0칼로리?

어렸을 때부터 종종 상상해보곤 했다. 내게 지니가 찾아와 세 가지 소원을 들어주겠다고 한다면 무엇을 빌지 말이다. 시간이 흐르면서 내가 빌고 싶은 소원의 종류도 조금씩 변하긴 했지만 어느 순간부터 빼놓지 않고 빌게 되는 소원이 있다. 그중 하나는 바로 이것이다.

"아무리 먹어도 살이 안 찌게 해주세요."

다이어트를 아예 내려놓지 않는 이상, 체중 관리를 위해 먹고 싶은 것을 참아야 하는 때가 찾아온다. 문제는 그걸 참아야 하는 고통이 너무 크다는 것. 식욕과의 사투를 벌이고 있노라면 금세 머릿속이 쓸데없는 고민으로 가득 찬다. 왜 아직까지도 인류는 섭취한 칼로리 중 일부만을 취사선택해서 흡수할 수 있는 신체로 진화하지 못한 걸까? 자연적으로 진화할 수 없다면 의학계와 제약계는 왜 좀 더 힘을 내지 않는 걸까? 먹은 칼로리를 전부 없애주는 약 같은 걸 개발하면 현대인의 가장 큰 고민을 한 방에 해결해줄 수 있을 텐데. 물론 벼락부자가 되는 건 시간문제일 텐데, 따위의 생각이 연이어 꼬리를 물며 떠오른다.

생각해보면 한 끼 정도 가볍게 때우는 건 별일 아닌데, 얄궂게도 식욕은 머릿속에 떠오른 음식을 당장 뱃속에 넣어주지 않으면 큰일이 날 것처럼 우리를 괴롭힌다. 먹기 전까진 도저히 음식 생각을 떨칠 수가 없는 것이다.

"먹으면 안 된다"는 마음과 "먹어도 된다"는 마음 사이에서 갈등하는 것은 아마 모든 사람이 공감하는 문제였나 보다. 오죽하면 이런 번뇌를 끝내기 위해 "맛있게 먹으면 0칼로리"라는 말까지 만들어냈겠나. 그렇게 우리는 맛있게 먹으면 0칼로리라고 믿으면서 밤 10시에 치킨을 입으로 가져간다.

맛있으면 0칼로리?

이 말을 얼마나 진지하게 믿는지는 별개의 문제로 두고, 앞과 같은 상황에서 "맛있게 먹으면 0칼로리"를 믿는다는 것은 굉장히 자의적이고 의식적인 선택이라는 점을 생각해보자. 우리는 스스로를 안심시키고 맛있는 것을 먹기 위해 그 말을 믿기로 결심했다. 그런데, 믿음이라는 것이 정말 이렇게 우리 의지대로 믿고 또는 믿지 않을 수 있는 것일까?

철학의 한 분야인 인식론은 주로 '우리가 안다는 것은 무엇인가'에 대해 탐구한다. 무엇인가를 안다는 것, 다시 말해 '지식이 무엇인지'에 대한 논의는 예로부터 인식론의 가장 중요한 화두였다. 그 오랜 논의에는 그 나름의 결실이 있다.

우리가 지식을 갖는다는 것은―무엇인가를 안다는 것은―곧 정당하고 참인 믿음justified true belief을 갖는다는 것이라는 견해가 가장 일반적으로 받아들여져 왔다. 우리가 갖는 수많은 믿음 중에서 참이면서도 정당한 믿음만이 '지식'이라는 타이틀을 달 수 있다는 것이다.

이때 믿음이 정당한지 아닌지의 여부는 그 믿음을 가진 사람이 충분히 그럴 만한 이유를 가지고 그 믿음을 갖게 되었는지에 달렸다. 즉 이건 일종의 평가적 기준이라는 것인데, 우리의 인식과 관련된 평가이기에 이를 특별히 인식적 평가라고 부른다. 그리고 이러한 인식적 평가가 대체 어떠한 성격의 것인지에 관해 크게 두 가지의 견해가 존재한다.

우선 의무론적 견해가 있다. 이 입장은 우리가 누군가의 믿음이 정당하다고 평가할 때 그것을 판단할 기준이 되어줄 규범이 있다고 생각한다. 이 규범은 인식적인 규범으로서, 인간으로서 생각을 할 수 있는 존재라면 누구든지 의무적으로 지켜야 하는 규범이다. 예를 들면 "S가 참이라는 충분한 증거가 있는 경우에만 S를 믿어야 한다"와 같이 말이다. 만약 이러한 기준을 위반하는 믿음을 갖게 된다면, 이는 자신에게 주어진 인식적 의무와 책임을 저버리는 것이고, 따라서 비난의 대상이 될 수 있다는 게 이쪽 견해의 생각이다. 물론 반대의 경우도 가능하다. 주어진 인식적 의무에 충실하여 믿음을 생성하는 경우엔 이러한 의무를 잘 지켰다고 칭찬할 수도 있다.

이러한 의무론적 입장은 우리가 믿음에 대해 생각해볼 때 가장 직관적으로 취하게 되는 태도이기도 하다. 우리는 특정한 믿음을 가질 만한 이유가 부족한데도 불구하고 그러한 믿음을 갖게 된 사람들을 곧잘 비난하곤 한다. 단순히 친한 친구가 권유해서, 거액의 돈을 특정 주식에 투자하고 하루아침에 재산을 날려버린 사람을 두고 우리는 곧잘 그의 행위를 비판한다. 아무리 생각해도 믿을 만한 근거가 부족한데, 친구의 말이라도 어떻게 그렇게 쉽게 믿어버렸냐는 식이다. 만약 이 사람의 '경솔한' 믿음으로 인해 일가족이 모두 곤경에 처하기라도 했다간 그 비난의 세기는 더욱 강해진다.

두 번째 입장은 비의무론적 견해다. 이름에서부터 알 수 있다시피 이 견해는 인식적으로 정당화될 수 있는지를 결정할 기준은 결코 의무나 규범 같은 것이 아니라고 생각한다. 인식적 평가의 기준이 존재하기는 하지만, 그것의 성격은 비의무적이라는 것이다. 앞서 언급한 의무론적 견해에서 "~해야만 한다"라는 형식으로 기준이 제시되었다면, 비의무론적 견해에서는 이를테면 "S가 참이라는 충분한 증거가 있어서 S를 믿는다"와 같은 형식으로 기준이 제시

될 수 있다. 해야만 한다거나 하지 않으면 안 된다는 강제성이 사라지는 것이다.

의무가 아니기 때문에 책임은 주어질 수 없고, 따라서 비난이나 칭찬도 할 수 없다. 인식적 정당성의 기준을 만족시키는 믿음을 단순히 바람직한(또는 적절한) 믿음이라고 하고, 기준을 만족시키지 못하는 믿음을 바람직하지 않은(또는 적절하지 않은) 믿음이라고 할 수 있을 뿐이다.

여기서 주목해야 할 점은, 의무론을 따를 것인지 아니면 비의무론을 따를 것인지를 선택하는 건 단순히 개인의 취향만으로 결정할 수 있는 문제가 아니라는 것이다. 비의무론자들이 의무론자들보다 성격이 덜 빡빡하기 때문에 인식적 정당화의 기준이 의무가 아니라고 주장하는 것이 아니다. 의무론과 비의무론 진영을 가르는 것은 바로 '인식적 의무라는 것이 우리에게 가능한가'라는 질문에서부터 시작한다.

딱히 믿고 싶어서 믿은 건 아니야

나는 영화나 책의 내용에 대한 스포일러를 굉장히 싫어하는 편이다. 그리고 아마 이건 나뿐만이 아니라 많은 사람에게 해당하는 말일 것이다. 그런데 내 주변에 스포일러를 두 팔 벌려 환영하는 이가 있다. 나는 한참 전에 정주행을 끝낸 드라마나 웹툰에 대해 이야기를 할 때면 자칫 내용을 누설해버릴까 봐 부분적인 스토리만 이야기를 한다거나 두루뭉술하게 소개하곤 한다. 그런데 이 친구는—직접 볼 것임에도 불구하고— 적극적으로 결말이나 줄거리를 미리 알려달라고 하는 것이다. 나로서는 내용을 먼저 알고 작품을 보면 재미가 반감되지 않나 싶은데, 친구

맛있으면 0칼로리?

는 접하게 될 내용을 먼저 알고 보는 편이 작품에 더 푹 빠져서 볼 수 있다나.

개인의 취향은 천차만별이니 이를 두고 뭐라 말할 수는 없지만, 이렇게 정반대인 취향 때문에 종종 의가 상하는 일도 발생한다. 스포일러에 대해 전혀 거부감이 없는 이 친구가, 나에게 새로 개봉한 영화 얘기를 하다가 무심결에 스토리상 중요한 내용을 발설해버리고 마는 것이다. 그러면 나는 일단 짜증부터 난다. 그걸 대체 왜 말하냐고! 친구는 실수라고 말하지만 이미 들은 얘기를 무를 수도 없고, 억울해서 길길이 날뛰는 내 반응에 친구는 친구대로 상처를 받아 토라진다. 서로 꽁해 있다가 삼십 분 정도 지나서 다시 원래대로 돌아가긴 하지만 말이다.

이럴 때 나는 왜 화를 내게 되는 것일까? 그건 바로 친구에게 영화의 내용을 들어버린 이상, 그걸 믿을 수밖에 없기 때문일 것이다. 무심코 던진 친구의 "알고 보니 OOO가 범인이더라"라는 말을 듣고 과연 내가 "OOO가 범인이다"라는 믿음을 갖지 않고 배길 수가 있을까? 아마 아닐 것이다. 마음 같아선 그게 진짜가 아니라고 태연하게 믿지 않을 수 있으면 좋겠지만, 친구가 말해준 내용이 곧 영화에서 벌어질 것이라는 믿음은 나의 의지와는 상관없이 이미 형성되어버린다.

가끔은 이런 일도 있다. 왜, 그런 날 있지 않은가. 유난히 특정 메뉴가 당기는 날이. 그런 날은 거의 99%의 확률로 다이어트 중일 때다. 그리고 그 메뉴는 치킨일 때가 많고. 이런 날 저녁이 되어 집으로 돌아가는 길에는 항상 두뇌가 풀가동 모드에 들어간다. 치킨을 직접 사서 들어갈 것이냐, 아니면 배달을 시킬 것이냐. 근처에 있는 단골 치킨집들의 위치와 그중 한 곳을 들를 수 있는 가능한 모든 경로를 머릿속에서 시뮬레이션으로 돌려본다.

저녁 5시 반. 이제 퇴근길 정체가 본격적으로 시작될 시간이다. 그렇다면 치킨을 포장해 만원 버스에 끼어 가느니, 차라리 최대한 빨리 집에 들어가 배달을 시키는 게 낫다. 역에서 나와 바로 버스에 올라탄 후 배달 앱으로 찜해둔 가게들의 목록을 살펴보면서 집에 도착할 시간과 배달에 걸릴 만한 시간을 비교해본다.

이렇게 그 어느 때보다 열심히 머리를 굴리는 와중에 마음 한구석에는 아직 일말의 망설임이 남아 있다. 이 완벽한 계획을 이제 실행만 하면 되는데, 지금 나는 다이어트 중이라는 사실이 '주문하기' 버튼을 차마 못 누르게 만드는 것이다. 더구나 지금은 점심도 아닌 저녁이다. 저녁에 치킨이라니, 다이어트에 상극인 조합 아닌가. 결국 남아 있던 이성의 끈을 부여잡고 배달 앱을 종료한다.

그렇게 치열한 머릿속 사투 끝에 무사히 집에 도착했는데, 현관문을 열자 심상치 않은 냄새가 내 코에 닿는다. 치킨이다. 괜히 핏줄로 이어진 게 아닌지 가족 중 누군가가— 주로 그 범인은 엄마 아들인 경우가 많다— 하필이면 오늘, 치킨을 시키고 만 것이다. 이쯤 되면 그냥 유혹에 빠져줘야 하는 게 아닐까 싶은 생각도 든다. 처음엔 왜 하필 오늘 치킨을 시켰냐며 원망의 눈초리를 보내고 방으로 들어가려고 하지만, 신기하게 이럴 때일수록 가족들이 유난히 상냥하게 나에게 치킨을 권한다. 괜찮다며, 먹어도 된다며 내게 내미는 치킨 조각을 받아들고 "그럼 한 조각만"이라며 못 이기는 척 유혹에 넘어가지만, 이미 나는 알고 있다. 한 조각으로 끝나지 않을 것이란 걸.

이왕 먹는 거 맛있게 먹자며 늦은 시각을 외면하고 즐겁게 저녁을 먹었지만, 문제는 다음 날 아침이다. 어제보다 몸무게가 2킬로나 불어 있는 것이다. 2킬로를 빼보겠다고 지난 한 달 동안 그 고생을 했는데, 지금 체중계에 표시되는 이 숫자가 진짜란 말인가? 너무나 부정하고 싶은 현실이지만, 지금 내 눈앞에 떠오른 이 야속한 숫자 또한 분명한 사실이다. 눈앞에 뻔히 보이는데 믿지 않을 도리가 없다. 내가 원하건 원하지 않건, 나는 내게 보이는 것을 자동적으로 믿을 수밖에 없는 것이다.

맛있으면 0칼로리?

믿음은 의지적? 비의지적?

앞서 말한 사례들이 공통으로 암시하는 바는 이렇다. 믿음이란 내가 스스로 의지를 발휘해서 형성할 수 있는 것이 아니라, 그저 믿을 만한 이유나 증거가 주어지면 의지와 무관하게 형성된다는 점이다. 이처럼 믿음은 의지로 제어할 수 있는 것이 아니라는 입장, 즉 믿음은 비의지적involuntary이라는 입장은 의무론에게 있어 큰 위협이 된다. 만약 믿음이 비의지적이라면 믿음에 대한 의무라는 것은 애초에 가능하지 않기 때문이다.

비의무론자들은 바로 이러한 이유로 의무주의에 반대한다. 우리가 스스로 어떤 것을 믿을지 말지 컨트롤할 수가 없는데, 어떻게 특정한 규범에 따라 믿음을 가져라 마라 할 수 있겠냐는 것이다. 무언가를 할 능력이 없다면, 그것을 해야 할 의무는 있을 수 없다.

하지만 가만히 생각해보면 우리는 일상생활에서 종종 우리의 의지대로 믿음을 형성하는 경우가 있는 듯하다. 예를 들면 자기암시 등이 그렇다. 앞서 상황에서 내가 치킨을 먹지 않았을 상황을 상상해보자. 나는 너무나 치킨이 먹고 싶고 배가 고프지만 살을 빼고자 하는 목표를 달성하기 위해 "배고프지 않다"라고 계속해서 되뇌었다. 그런데 자기암시가 진짜 효과가 있었던지 정말로 아까보다 배가 덜 고픈 것 같은 느낌이 든다. 덕분에 나는 무사히 치킨을 먹지 않은 채 잠에 들 수 있었다. 해피엔딩.

이러한 자기암시는 다른 말로 **자기기만적 믿음**이라고도 불리는데, 어떤 것을 참이나 거짓으로 만드는 증거를 토대로 믿음을 형성하는 것이 아니라 실용적인 이유에서 특정한 것을 믿거나 믿지 않는 것을 말한다. 나는 체중을 감량하겠다는 실용적인 이유 때문에 "나는 배가 고프다"의 증거인 꼬르륵거리는 배를 무시하며 이와 반대되는 바를 참이라고 믿었다. 아니, 적어도 믿은 것처럼 보인다. 이러한 자기기만적 믿음이 정말로 가능한 것이라면 이는 믿음이 제어 가능하다는 증거가 되고, 따라서 인식적 의무론에게 유리한 예시로 작용한다.

물론 이에 대한 반박도 있다. 자신을 기만하는 믿음이라면 실제로는 "나는 배고프다"라고 믿고 있는 속이는 나와 거기에 넘어가 "나는 배고프지 않다"라고 믿게 된 속임을 당하는 나가 있다는 것일 터. 그러나 '나'는 결국 동일한 한 명인데 어떻게 한 명의 '나' 안에서 속고 속이며 두 가지의 상반된 믿음을 동시에 갖는 일이 가능하냐는 것이다. 또한 '속이는 나'의 의도가 '속임을 당하는 나'에게 필연적으로 알려질 수밖에 없는 상황에서 어떻게 속이는 행위 자체가 가능할 수 있는지에 대해서도 의문이 제기된다.

이 장 첫머리에 나온 것처럼 "맛있으면 0칼로리"라고 믿기로 결심하는 건 어떨까? 정말 칼로리 걱정을 하지 않고 맛있게 먹으면 살이 덜 찌는 것인지 아닌지 확신할 수는 없지만 일단 그렇게 믿기로 결심하고 치킨을 먹는다. 아마 여기에 대해서는 살짝 의심스러운 구석이 있을 것이다. 그렇다. 이렇게 믿기로 결심하는 것decide to believe에 대해서는 이것이 우리가 일반적으로 믿음이라고 생각하는 것과 같은 성질의 것이 아니라는 반박이 존재한다. 믿기로 결심하는 것은 진짜 믿음이 아니라 그저 어떠한 명제가 참이라고 가정하고, 그것을 내 행동의 전제로 삼는 것에 불과하다는 것이다. 즉 '믿음'이라는 심적 상태라기보다 '받아들임Acceptance'이라는 심적 행위에 가깝다는 주장이다.

이와 같은 사항들을 고려하면 믿음은 확실히 비의지적이라는 쪽으로 마음이 기운다. 비의무론적 견해의 손을 들어주고 싶어진다. 하지만 선택을 망설이게 하는 사례도 자꾸 떠오른다. "살찔까 봐 걱정하면서 먹으면 실제로 살찌기 더 쉽다"라는 명제를 두고 이것을 믿을지 말지 결정하기 위해 각종 연구 자료를 그러모아 하나하나 면밀히 검토한 후 마침내 이것이 믿을 만하다고 판단해 그렇게 믿기로 결정할 수도 있다. 이 경우에는 우리가 실제로 믿고 안 믿고를 정말 스스로 결정하는 것처럼 보인다.

비단 우리에게뿐만 아니라 믿음의 의지성과 비의지성의 문제는 철학자들에게도 까다로운 것이어서 아직까지도 다양한 논의가 오가고 있다. 나는 개인적으로는 믿음은 비의지적이라고 생각한다. 다만 믿음이 결코 의지적이지 않다는 확실한 논증을 제시하기 까다로운 이유는 너무나 다

맛있으면 0칼로리?

양한 심리 상태가 일상적으로 '믿음'이라는 이름으로 불리고 있고, 그러다보니 그러한 심리 상태 각각을 구체적으로 구분하여 정의하는 일이 어렵기 때문이 아닐까.

　인식적 의무주의와 비의무주의 사이의 논쟁은 이후 골드만Alvin Goldman이 과정 신빙론Process Reliabilism을 들고 나오며 극적인 전환을 맞았다. 정당한 믿음의 기준을 신빙성 있는—통계적으로 참일 확률이 높은— 방법을 통해 믿음을 산출하는지 아닌지로 설정함으로써 이전까지의 논의의 방향을 완전히 바꾸어버린 것이다. '통계'라는 자연적인 사실을 통해 믿음의 정당성을 설명하는 덕분에 규범과 관련된 문제 자체가 제거되어버렸고, 따라서 의지적이냐 비의지적이냐 하는 문제 또한 사라지게 되었다. 하지만 그렇다고는 해도 논점이 바뀌었을 뿐 기존의 문제가 해결된 것은 아닌데다가, 골드만의 이론이 지닌 그 나름의 문제점으로 인해 또다시 이런저런 반박과 그에 대한 답변이 꼬리에 꼬리를 물며 이어지는 중이다.

믿음에 관한 문제만큼이나 어려운 걸로 치자면 다이어트도 만만치 않을 것이다. 아니, 솔직히 말하자면 그보다 더 어려운 것 같기도 하다. 나는 "맛있게 먹으면 0칼로리" 따위는 믿지 않는다. 아무리 맛있게 먹어도 섭취한 칼로리는 그대로일 뿐 우리를 봐주지 않는다. 이러한 현실을 믿고 싶지 않아도, 아무리 상반되는 명제를 믿으려고 애써도, 이때까지 겪어온 모든 나날이 증거가 되어 "맛있게 먹으나 안 먹으나 살은 똑같이 찐다"라는 명제를 믿지 않을 수 없게 만든 것이다.

이토록 내 의지와 반해 형성되는 나의 믿음. 그렇다. 나

는 믿음은 어디까지나 비의지적이라고 믿는
다. 덕분에 내가 치킨을—설령 다른 사람
이 시킨 걸 먹게 되더라도, 적어도 내 손으
로— 시켜 먹는 일은 그야말로 손
에 꼽는다. 기름에 튀긴 치킨의
맛은 행복하지만 거기서 오는 칼
로리는 그렇지 않으니까. 대신 내
가 직접 만든 '야매 치킨'을 자주
먹곤 한다. 사실 이 요리는 이름만 거
창하지, 실상은 닭을 익히고 양념을 하는
것뿐이라 만드는 방법은 무척 간단하다.
하지만 들이는 노력에 비하면 그 맛과 만
족도는 최고 수준이니 고마운 요리가 아닐 수 없다.

0칼로리를 실현시킬 수 있는
'야매 치킨'

　여기서 내가 만든 '야매 치킨' 레시피에 대해 말하지 않
고 넘어갈 수 없겠다. 닭은 최대한 기름기를 빼고자 처음
부터 굽거나 아니면 일단 한 번 삶은 후 굽는다. 소스도 직
접 만드는데, '야매'라는 이름답게 대충 집에 있는 숟가락
을 사용해 계량한다. 간장, 고춧가루, 설탕, 마늘 등만 있다
면 웬만한 소스는 다 만들 수 있다. 소스를 만들겠다고 굳
이 냄비를 꺼낼 필요도 없다. 우리에겐 전자레인지가 있지

않은가. 물론 팬 위에서 고기와 소스를 함께 볶아내면 맛은 조금 더 살아나는 것 같지만, 전자레인지에 30초 돌리는 것만으로도 훌륭하다.

시켜 먹는 대신 직접 만들어 먹는 치킨의 좋은 점은 무엇보다 내 취향대로 만들 수 있다는 것이다. 가장 자주 만들어 먹는 양념치킨부터, 소금과 후추만으로 간을 해서 먹을 때도 있고, 달콤한 간장 소스를 찍어 먹을 때도 있다. 게다가 직접 조리함으로써 원치 않는 잉여 칼로리도 덜어낼 수 있으니 건강 면에서도 친절하다. 만약 나처럼 "맛있게 먹으면 0칼로리"라는 명제를 믿으려 결심해도 도저히 믿을 수가 없는 이들이라면 망설이지 말고 야매 치킨의 세계로 넘어오기를.

맛있으면 0칼로리?

02

겨
울
엔

따
끈
따
끈
한

칸
트

붕어빵을 먹다가 칸트를

'붕세권'이니 뭐니 하는 단어가 등장하고, 지역별로 붕어빵 노점 위치를 표시한 지도까지 나왔다. 붕어빵이 새롭게 등장한 음식도 아닌데 갑자기 여기저기서 찾는 사람이 많아지다니. 뭐, 이런 새삼스러운 물타기가 하루 이틀은 아니다. 방송과 소셜 미디어를 필두로 어떤 음식이 주목을 받으면 마치 유행처럼 너도 나도 우르르 사먹는, 그런 '만들어진 유행'을 나는 언제나 삐딱하게 바라보곤 한다.

하지만 그 주인공이 붕어빵이라면, 기꺼이 환영의 제스처를 취해줄 수 있다. 붕어빵을 파는 곳이 하나라도 더 늘

틀 안에서 모두 같은 모양으로 구워지는
붕어빵, 호두과자, 델리만주

겨울엔 따끈따끈한 칸트

어난다는 건 이 깜찍한 겨울 간식을 더 쉽게 사 먹을 수 있다는 뜻일 테니까.

　겨울을 좋아하는 데에는 역시 먹을거리와 관련된 이유를 뺄 수 없다. 붕어빵, 호떡, 계란빵 등 날이 추워져야만 만날 수 있는 길거리 음식을 먹을 수 있는 유일한 계절인 겨울. 차갑게 얼어붙은 공기 속에서 코끝에 도드라지는 붕어빵 냄새를 따라가면 틀에서 갓 구워져 나온 붕어빵들이 줄지어 모여 있곤 한다. 붕어빵 틀에서 붕어빵이 만들어지는 과정을 바라보는 건 왠지 모르게 묘하게 만족스러운 기분을 맛보게 해준다. 붕어빵 틀 위에 하얀 반죽을 흘려 넣고, 팥소를 넣어 틀을 닫아 뒤집는다. 내가 주문한 붕어빵을 받을 때까지, 무슨 최면에라도 걸린 것처럼 계속 지켜보게 되는 것이다. 사실 나는 붕어빵이 먹고 싶어서 붕어빵을 산다기보다, 만들어지는 모습이 보고 싶어서 붕어빵을 사는 것 같기도 하다.

　붕어빵의 '붕어'는 어디까지나 모양일 뿐이지만, 호두과자는 동글동글 울퉁불퉁한 모양에 더해 이름을 배신하지 않는 내용물까지 갖추고 있다. 핫케이크를 연상시키는 맛의 빵과 그 안에 들어 있는 곱게 갈린 팥앙금. 그리고 중

앙에 박혀 있는 호두 한 알. 맛으로만 따지자면 나는 호두 과자가 더 좋다. 게다가 붕어빵보다 훨씬 폭신폭신한 식감 덕분인지 마음이 포근해지는 듯한 기분도 들고. 무엇보다 붕어빵과는 달리 사시사철 파는 곳을 찾기가 어렵지 않다는 것도 장점이다. 물론 아무리 그래도 추운 겨울날 길거리를 걸어가며 하나씩 까먹는 게 제맛이지만.

찬바람이 쌩쌩 부는 지상을 벗어나 조금 더 따뜻해진 지하로 내려가면 지하철역의 냄새 깡패 델리만주도 만날 수 있다. 맡는 것만으로도 영혼이 치유되는 것 같은 그 냄새에 홀려 한 봉지 사들면 손가락 만한 옥수수 모양의 만주들이 옹기종기 들어 있다. 그 귀여움에 먹기 전부터 마음은 이미 무장해제. 암만 싸구려 슈크림을 썼다고 한들 B급의 맛을 S급의 귀여움이 커버해주니까 괜찮다. 문제는 그 달콤한 냄새가 너무나 강력해서—주변 사람들에게 폐를 끼칠까 봐— 역을 빠져나가는 길이 아니라면 좀처럼 살 수 없다는 것. 델리만주는 왜 매번 환승역에만 팔고 있는지.

붕어빵, 호두과자, 델리만주. 이 간식들은 겨울에 먹어야 제일 맛있다는 점 외에도 공통점이 하나 더 있다. 바로 틀에 넣어 구워낸다는 것이다. 특정한 모양의 틀에 반죽을

겨울엔 따끈따끈한 칸트

넣고 찍어내는 것이 그들의 귀여운 외모의 비결이다. 각각의 빵의 아이덴티티라고 할 수 있는 붕어 모양, 호두 모양, 옥수수 모양은 내용물을 무엇으로 채웠느냐와는 관계없이, 그렇게 생긴 틀을 사용해서 찍어냈기 때문에 나타난다. 델리만주 반죽과 커스터드 크림을 호두과자 틀에 넣고 구워낸다면 호두 모양으로 나올 테고, 팥앙금에 호두를 세 개씩이나 넣는다고 해도 붕어빵 틀에 구워낸다면 틀림없이 붕어 모양으로 나올 것이다. 특정한 모양의 틀에 들어간 이상, 틀 안에 들어간 재료는 그 틀의 모양을 따라 찍혀 나올 수밖에 없다.

따끈따끈하고 달콤한 이야기를 하다가 갑자기 칸트 얘기를 한다고 놀라지 마시라. 칸트의 철학을 이해할 수 있는 가장 좋은 소재가 바로 이 틀이니까 말이다. 사실 나 또한 직접 공부하기 전에는 어렵고 딱딱하기로 악명이 높은 칸트를 이리저리 피해 다니기만 했었다. 주위들은 이미지에 지레 겁을 먹은 탓이다. 더구나 《순수이성비판》이라는 제목의 그의 대표작은 어떠한가. 벌써 제목부터 도통 뭔 소리인지 이해가 안 가지 않나! 하지만 막상 칸트의 철학을 접해보니, 분명히 어려운 건 사실이지만 그가 사용하는 개념을 한 번 이해하기 시작하면 그의 주장의 설득력과 논리력에 빠질 수밖에 없다는 것이 내 감상이었다.

시작은 다소 어렵지만, 그 고비만 넘기면 틀림없이 재미있다. 그러니 속는 셈 치고 칸트의 철학을 읽어보자. 붕어빵이건 호두과자건 델리만주건 어떤 것이든 다 좋다. 좋아하는 간식에 쓰이는 모양 틀 하나를 생각하고 이어지는 내용을 읽는다면 칸트의 《순수이성비판》이 도통 알 수 없는 이야기만은 아니라는 것을 느끼게 될 것이다.

겨울엔 따끈따끈한 칸트

인식론에서 중요한 물음 중 하나는 '무언가를 안다는 것은 무엇인가', 다시 말해 '지식이란 어떻게 정의되는가'라고 할 수 있다. 이 주제를 탐구할 때 **객관성**이란 키워드는 매우 중요하다. 이 세상에 대해 우리가 무엇인가를 안다고 말할 수 있으려면 그것은 객관적인 지식이어야 하기 때문이다. 객관성을 담보할 수 있어야만 정당화된 앎이 될 수 있다. 그렇지 않다면 단순히 내가 믿고 싶은 대로 믿는 것에 지나지 않는다.

로크, 흄과 같은 경험주의자들은 감각을 통한 경험이 우리가 무엇인가를 객관적으로 포착할 수 있도록(알 수 있도록) 해준다고 믿었다. 다시 말해, 경험이 객관성을 담보해 준다고 본 것이다. 반면 데카르트나 스피노자 같은 합리주의자들은 감각적인 경험이 아닌 인간에게 내재된 이성으로 알 수 있는 것만이 객관적인 지식이라고 보았다. 이들은 감각 경험은 주관에 불과하다고 생각했던 것이다.

둘 다 일리 있는 말이다. 그래서 싸움판이 벌어졌다. 하지만 아무리 싸워봐도 이렇다 할 결론이 나지 않는다. 이런 싸움판에 어느 날 칸트가 등장했다. 칸트는 첫 등장과 함께 형이상학에 대한 비판부터 가했다. 형이상학은 이제 싸움터가 되었을 뿐, 확실한 지식을 제공해주는 진정한 학문으로서의 위상을 잃어버렸다고. 칸트의 생각으로는 경험과 이성 중 어느 한쪽만을 사용해 답을 내는 것은 만족할 만한 해결책이 아니었다.

칸트에 따르면 형이상학이 답 없는 싸움터가 된 근본적인 원인은 인간이 가진 이성의 본성 때문이었다. 이성은 자신이 직면한 사태를 두고 왜 그러한 사태가 되었는지 거듭해서 그 원인을 추론해나가는 운명을 타고났다는 것이다. 물론 이렇게 추론을 하다 보면 처음 몇 번까지는 내가 한 경험을 토대로 그 답을 찾을 수 있다. 하지만 점점 더 높

겨울엔 따끈따끈한 칸트

은 차원의 원인을 찾아 올라가다 보면 어느 순간 내 경험을 초월한 수준의 물음에 봉착하게 되어 말문이 막힌다는 게 칸트의 분석이었다. 문제는 형이상학이 주로 이런 종류의 물음을 탐구한다는 것. 덕분에 아무리 문제를 앞에 두고 씨름하더라도 과연 어떠한 대답이 정답인지 직접 경험해서 검증할 수가 없다. 결국 싸움만 치열하고 답은 오리무중이 된다.

칸트가 등장만 멋들어지게 해놓고 정작 그렇다 할 해결책을 내놓지 못했다면 지금처럼 위대한 철학자로 여겨지지는 않았을 것이다. 그는 당돌하게 이 싸움터에 등장한 만큼, 스스로 형이상학의 구원자를 자처하며 해결책을 제시했다. 자신의 해결책으로 난장판이 된 형이상학을 객관적인 지식을 제공하는 제대로 된 학문으로 다시 세우겠다고 말이다. 칸트가 해결책으로 내놓은 것이 바로 그의 책 《순수이성비판》이었다.

칸트가 모델로 삼은 것은 '수학'이었다. 수학에서의 증명을 통해 얻은 결론은 누가 보더라도 확실하게 참이다. 즉 객관성이 보장된 지식이다. 그런데 가만히 생각해보면 수학적 증명을 통해 도출된 진리는 우리가 삼각형을 인식하는 것 그 자체만으로는 얻어지지 않는다. 다만 우리는 미리 몇 가지 개념들을 준비해놓고, 그 개념들을 삼각형이라는 사물에 적용한 후 그로부터 필연적으로 도출되는 결론을 얻는다. 그리고 이 결론을 확실한 참으로 받아들인다. 바로 이 메커니즘이 칸트에게는 형이상학에서의 문제를 해결할 수 있는 열쇠였다.

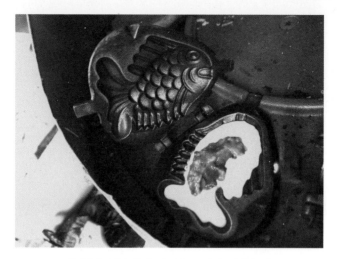

붕어빵 틀 안에 들어온 반죽은 그 틀의 모양대로 찍혀 나온다

그래서 이성은 결코 자연을 있는 그대로 받아들이지 않는다. 오히려 자신이 가지고 있는 스스로의 원리에 따라 자연에 물음을 던지고, 그로부터 얻어지는 답을 이끌어낼 뿐이다. 따라서 이성이 인식하는 자연은 아무런 변형도 가해지지 않은 자연 그 자체가 아니라 **이성의 틀**을 한번 거쳐 들어온 자연이 된다. 마치 붕어빵의 모양 틀처럼, 이성이라는 인간의 인식 능력은 이미 특정한 모양으로 짜인 틀이고, 우리가 외부 세계를 인식한다는 것은 그러한 틀의

모양대로 찍혀진 세계를 받아들인다는 것이다.

그렇다. 칸트는 인간이 외부 세계를 경험하기 이전부터 이미 알고 있는 것들이 있다고 생각했다. 갓 태어난 어린아이라도 자기 앞에 똑같은 인형 두 개가 놓여 있다면—아직 말로 그 뜻을 설명할 수 없다고 할지라도—자기 눈앞에 놓인 두 사물이 같다는 것을 인식할 수 있을 것이다. 확실히 '같다'라는 개념은 우리가 특정한 경험을 하고 나서야 알게 되는 것은 아닌 것 같다. 오히려 우리는 '같다'라는 개념을 선천적으로 알고 있고, 그 개념을 이용해 외부 세계를 경험하고 인식해나가는 것처럼 느껴진다.

'시간'과 '공간'이라는 개념도 그렇다. 내가 하는 모든 경험은 시간적인 순서에 따라 나에게 들어오며, 내가 접하는 모든 외부 세계는 공간을 가지는 어떠한 것으로서 나에게 경험된다. 배가 고프다고 느낀 것, 그래서 붕어빵을 사 먹으려고 생각한 것, 다 먹은 후 천 원 어치만 더 살 걸 하고 후회한 것. 외부로부터 받아들인 경험뿐만 아니라 나의 내면에서 일어난 생각이나 느낌 또한 시간적인 순서에 따라 일어난다. 또한 붕어빵이라는 물체는 어떠한 일이 있어도 반드시 일정한 부피를 가지고 특정한 공간을 차지하고 있는 모습으로 나에게 인식된다.

우리가 과연 시간이나 공간 개념의 도움을 전혀 받지 않은 채 무언가를 경험할 수 있을까? 아마 아닐 것이다. 그래서 칸트는 이러한 개념들은 우리가 무언인가를 경험하기 이전부터 이미 알고 있는 것이라고, 다시 말해 **선험**先驗**적**으로 알고 있는 것이라고 말한다.

칸트에 따르면 이러한 개념들은 나의 이성에 선천적으로 새겨져 있는 모양 틀과 같다. 그래서 내가 하는 모든 경험이 이러한 틀에 맞춰져 있는 것이다. 그러니 "우리의 인식이 (외부) 대상을 따르는" 것이 아니라, 반대로 "(외부) 대상이 우리의 인식을 따른다"고 해야 마땅하다고 주장한다.

내게 날 때부터 주어진 인식 구조의 틀을 거쳐 외부 세계를 경험할 수밖에 없다면, 이 말은 곧 이러한 틀에 찍히지 않은 날것 그대로의 세계는 경험할 수 없다는 이야기가 된다. 대상 그 자체Ding an sich(소위 말하는 '물자체物自體')의 세계는 그래서 우리가 영영 알 수 없는 미지의 영역으로 남게 된다.

어쩐지 우물 안 개구리가 된 것 같아 조금 우울해지기는 하지만, 너무 풀 죽을 필요는 없다. 여기에서 나오는 그 나름의 장점도 있으니 말이다. 인간이 타고난 인식 구조를 벗어날 수 없다는 말은 인간이라면 누구나 이러한 인식 구조를 가지고 있다는 뜻, 즉 이러한 인식 구조가 보편적이라는 뜻이다. 그렇다면 적어도 인간들 사이에서는 인간들이 경험한 사실에 관해서 보편적으로 맞다, 틀리다를 합의할 수 있다는 얘기다. 다시 말해 어떠한 사실이 누가 봐도 참이라는, **객관적인 참**이라는 게 가능해진다.

바로 이 점을 근거로 칸트는 우리가 객관적인 지식을 가질 수 있다고 말한다. 인간의 인식 능력을 벗어나지 않는 한에서라면 우리가 갖는 세계에 관한 지식은—적어도 인간들 사이에서는—객관적으로 확실한 지식이 될 테니까 말이다. 그렇다면 이제 우리의 인식 능력이 미치는 범위를 밝혀낸다면 우리의 확실한 앎이 어디까지 가능한지 확정 지을 수 있을 것이다.

인간의 인식 능력 바깥의 영역을 탐구하면서 객관적인 지식을 얻고자 했던 게 지금까지의 형이상학의 실수였다고 칸트는 꼬집는다. 애초에 알 수가 없는 것에 대해 이러쿵저러쿵 이야기하고 있으니 답이 안 나오는 게 당연하다. 이제 칸트는 인간의 선천적인 인식 구조 즉 이성을 분석하

겨울엔 따끈따끈한 칸트

여 그 능력이 미치는 범위를 알아내고, 그에 따라 우리의 인식 능력이 미치는 내부 세계와 우리의 인식 능력 밖인 외부 세계 사이의 경계를 짓고자 한다.

그리하여 칸트의 철학적 탐구 대상은 칸트 이전의 철학자들이 항상 주목해왔던 외부 세계가 아닌, 우리의 선천적 인식 틀 안의 주관 세계 즉 이성으로 설정된다. 형이상학이 확실한 앎을 보장할 수 있는 학문이 되기 위해서는 더 이상 인식 구조 밖의 세계가 아니라, 인간에게 있어 객관적인 지식이 가능한 인식 구조 내부의 세계를 탐구해야 할 것이기 때문이다. 그의 책 이름이 《순수이성비판》인 건 바로 이러한 까닭이다.

내가 거의 매일같이 오가는 지하철역 근처에는 호두과자 가게가 무려 두 곳이나 있다. 그중 한 곳은 규모가 큰 체인점으로, 옛날부터 자주 먹어온 탓에 그 맛을 익히 알고 있다. 다른 한 곳은 호밀을 넣어서 구웠다고 내세우는 가게인데 벌써 몇 년째 지나치며 눈도장만 찍을 뿐 실제로 사먹어 본 적이 없다. 나는 맛있는 음식을 먹는 걸 좋아하지만, 그 맛있는 음식을 종류별로 비교하며 먹어보는 건 더 좋아한다. 덕분에 음식에 관한 일종의 수집벽도 있어서 이렇게 도전해보지 않은 가게는 마음속 리스트에 올려놨다가 언젠가는 꼭 가보고야 만다.

지난겨울이었다. 주변 사람들에게 줄 크리스마스 선물을 고르기 위해 꽤 오랜 시간 돌아다녀야 하는 날, 그간 눈독만 들여왔던 호밀 넣은 호두과자를 먹어야겠다고 생각하며 서둘러 역 출구를 향해 올라갔다. 추운 날 바쁘게 돌아다니면서 간편하게 당을 보충하기에 그야말로 최적의 간식이 아닌가!

첫 시도라서 20개들이 1봉지만 샀는데, 너무 순식간에 사라졌다. 호밀을 넣었다는 호두과자는 예상보다 훨씬 내 취향이었던 것이다. 팥앙금이야 물론 크게 특별한 점은 없었는데, 호밀가루를 넣은 빵피가 꽤 인상적이었다. 밀가루만을 사용해 반죽한 호두과자는 폭신폭신한 식감과 뽀얀 색깔이 특징이라면 이건 그 정반대 지점의 빵피랄까. 일반 호두과자보다 훨씬 진한 색깔과 겉보기에도 느껴지는 얇은 빵피, 그리고 쫄깃쫄깃 차진 식감. 은은하게 풍기는 호밀 특유의 구수한 향 때문인지 찰보리빵을 연상케 하기도 했다.

하지만 내가 아무리 "빵피가 얇다" "식감이 쫄깃하다" "호밀 특유의 향이 난다"라며 새로 맛본 호두과자에 대해 장황하게 평가를 늘어놓는다고 해도, 이건 어디까지나 내가 경험한 호두과자에 대한 것일 뿐, 결코 나의 인식 틀 밖에 있는 호두과자 자체에 대해서는 의미를 갖지 못한다. 다시 한 번 강조하지만, 칸트에게 있어서 물체 그 자체의 세계는 내가 절대 알 수 없는 영역이기 때문이다.

그러므로 앞서 호두과자에 대해 내가 내린 판단은, 엄밀하게 말하자면 "내 생각에는 빵피가 얇다" "내 생각에는 식감이 쫄깃하다" "내 생각에는 호밀 특유의 향이 난다"라고 말한 것과 마찬가지라고 할 수 있다. 즉 내가 외부 대상에 대해 내리는 모든 판단 앞에는 사실 "내 생각에는I think"이라는 기본 형식form이 숨어 있고, 형식은 유지된 채 안의 내용만 바뀌는 것과 같다고 봐도 무방한 것이다.

이러한 "내 생각에는"이라는 판단의 형식은 내가 경험하는 나의 주관 세계 그리고 나에게 경험되지 않는 채로 남아 있는 외부 세계를 나누는 기준이 되어준다. 덕분에 내가 의식을 하건 못하건, 이 틀을 거쳐 내게 들어오는 경험들은 그 누구도 아닌 '나의 경험'으로 통일되어 존재할 수 있다. 이렇게 '나의 경험'을 가능하게 만들어주는 이 틀은 그렇다면 내가 외부 세계에 대해 판단하는 것을 가능케 해주는, 나의 경험의 궁극적인 원인이라고 할 수 있다. 애초에 "내 생각에는"이란 형식 없이는 나는 그 어떤 생각도 할 수가 없기 때문이다. 따라서 이러한 형식은 선험적으로 나에게 주어져 있는 것이어야 하고, 이를 통해서 나는 비로소 '나의 의식'(자의식)을 가질 수 있다.

그런데 이러한 나의 자의식은 애초에 내가 경험한 외부 대상에 대해서 무언가 판단을 내리는 것을 통해 성립한 까닭에, 언제나 경험의 주체로서만 존재한다. 나의 경험을 가능케 해줄 뿐, 결코 내가 경험하는 대상이 되지는 않는 것이다. 그래서 우리는 이런저런 경험을 하면서 그러한 경험의 궁극적인 원인이 되는 자의식이라는 게 있다는 것을 어렴풋하게 알 수 있을 뿐이고, 자의식 그 자체를 직접 경험할 수는 없다. 따라서—마치 물자체의 세계처럼— 나의 자의식 또한 내가 확실하게 알 수 있는 영역이 아니라는 의미심장한 결론이 도출된다.

직접 공부해본 바, 칸트의 철학은 결코 넘보지 못할 만큼 어렵진 않다. 하지만 결코 만만하지도 않다. 나는 운이 좋았다. 학교에서 관련 수업을 들을 수 있었기 때문이다. 만약 선생님의 강의를 듣지 못했더라면 분명 지금처럼 칸트 철학이 재미있다고 느끼기는 어려웠을 것 같다. 낯선 용어와 개념도 많고, 전문가의 가이드 없이 혼자서 텍스트를 이해하기에는 확실히 진입 장벽이 높다고 생각하기 때문이다.

하지만 나처럼 학교에서 강의를 듣지 않더라도 철학을 공부하는 데에 도움받을 수 있는 방법은 많다. '칸트의 책을 설명해주는 책'을 읽는 것부터 시작해 각종 아카데미에서 여는 강좌도 있고, 요새는 독자가 요청하면 직접 방문해 설명 서비스를 제공하는 철학 전문 출판사도 있다. 이도 저도 마땅치 않다면 유튜브에 '철학 강좌'를 검색해보자. 찾아보면 도움을 받을 수 있는 자료가 정말 많음을 알 수 있을 것이다.

　다양한 걸로 치자면 틀에 넣고 구워내는 간식의 종류도 만만치 않다. 똑같은 틀을 사용하되 안에 들어가는 재료를 다양하게 바꾸어 변주를 줄 수 있다는 점이 매력인 만큼 갈수록 다양한 옵션들이 등장하고 있으니 말이다. 고구마 앙금이 들어간 붕어빵은 물론이요, 치즈를 넣은 붕어빵까지 등장해버렸다. 호두과자마저 적앙금과 백앙금의 두 가지 선택지가 존재하니, 이제 취향에 따라 고르기만 하면 된다. 따끈따끈한 간식을 골라 자리를 잡고 칸트의 철학을 펼친다면 이번 겨울은 꽤 훈훈하게 보낼 수 있을 것이다. 아직 식지 않은 붕어빵의 열기 때문만은 아닐 것이다. 분명 재미있긴 하지만 읽다 보면 머리에서 살짝 열이 날지도 모르는 칸트가 있으니 말이다.

03

삶의 지금 이 순간을 한입에

우리집 냉장고에는 내가 '치즈 칸'이라고 부르는 한쪽의 공간이 있다. 그곳엔 버터와 더불어 몇 가지 종류의 치즈를 상비해둔다. 크림치즈는 기본으로 한 박스 정도 넣어두는 편이다. 과일이나 빵에 언제든지 곁들여 먹기 편하기 때문이다. 한창 브리치즈에 빠져 있을 때는 다양한 제조사의 브리를 종류별로 채워둔 적도 있었다. 당시엔 거의 브리 중독 수준으로 하루 두 캔씩 까먹었었기 때문에 생각보다 금세 동이 났다. 모차렐라나 부라타 같은 생치즈들은 치즈 칸에 입주하자마자 바로 나가버린다. 생치즈는 유통기한이 길지 않아 얼른 먹어야 하기 때문이다.

가끔 고다나 에멘탈 같은 치즈를 넣어둘 때도 있는데, 마지막으로 샀던 고다 치즈는 곰팡이가 슨 채로 치즈 칸에 들어가는 슬픈 일이 벌어지기도 했다. 한번 맛보고 나서 좀처럼 먹지 않은 채 한참을 남겨뒀던 탓이다.

치즈를 원래부터 좋아했던 것은 아니다. 내가 맨 처음 접했던 치즈는 얇고 네모난 모양의 어린이용 슬라이스 치즈였다. 뚝뚝 끊어지는 질감에 맛도 당최 무슨 맛인지 모르겠고 이걸 왜 먹어야 하는지 이해가 안 갔었다. 그래서 애꿏은 장난감 인형의 입에 넣어주곤 했었다. 하지만 이제는 세상에 그런 치즈만 있는 게 아니라는 걸 안다. 오히려 없어서 못 먹는 지경이니 말이다. 치즈를 파는 쇼핑몰은 기본 두세 군데는 발을 걸치고 있다. 한 곳에선 취급하지 않는 치즈가 다른 곳에는 있으니 돌아가며 주문을 해야 한다. 새로 입고된 신상품은 눈독을 들이다가 모험 삼아 사 먹어 보는 것도 소소한 재미다. 백화점에 가는 날엔 무조건 지하 1층에 들러야 한다. 백화점 식품관의 치즈 코너는 온라인에 견줄 수 있을 만큼 꽤 폭넓은 상품이 구비되어 있으면서도 가격은 온라인 보다 저렴한 경우가 대부분이라 치즈 쇼핑에 딱이다.

세상에는 맛있는 치즈가 너무 많다. 하지만 나에게 가장 좋아하는 치즈를 하나 고르라고 한다면 단연코 브리 치즈를 꼽는다. 브리는 빵이나 과일과 곁들여 먹어도 맛있지만, 치즈만 단독으로 먹어도 맛있다. 주의해야 할 것은 냉장고에서 꺼낸 직후가 아니라 반드시 상온에 40분 정도 놓아둔 후에 먹어야 한다는 점이다. 치즈는 온도에 따라서 그 맛이 천차만별로 달라지는데, 브리의 경우 상온에선 그야말로 천국을 맛볼 수 있는 반면 차가울 때는 니 맛 내 맛도 아닌 텁텁함만 느껴진다.

브리는 과일과 궁합이 좋은 만큼 달콤한 잼하고도 잘

잼이나 과일 없이 잡곡빵 위에
브리만 얹어 먹어도 더없이 맛있다

어울린다. 내가 브리에 중독된 8할은 바로 이 잼과 브리의 조합 때문이었다. 우선 통밀빵을 바삭하게 구워서 준비하고, 그 위에 녹진해진 브리를 뚝 떼어 얹은 후 달콤쌉싸름한 오렌지잼을 올려 한 입…! 그러면 저절로 눈이 감기고 귀에서는 상투스가 울리기 시작한다. 새콤달콤한 사과와 브리의 조합도 발군이다. 호밀빵 위에 브리와 사과를 함께 올려 먹어도 좋지만 빵 없이 사과와 브리만 먹어도 아주 멋진 맛의 간식이 된다.

　동일한 종류의 치즈라 할지라도 어떻게 만들어졌느냐에 따라서 맛에 차이가 난다. 그래서 제조사별로 맛이 조금씩 다르다. 브리를 예로 들자면, 일드 프랑스Ile de France는 짠맛이 가장 덜하며 부드럽고 깨끗한 맛을 낸다. 페르 투와누Père Toinou의 브리는 일드 프랑스에 비교해 좀 더 짜고 브리 특유의 풍미가 짙다. 봉주르Bonjour de France 브리는 이도 저도 아닌 맛이라고 생각해서 별로 좋아하지 않는다. 개인적으로는 일드 프랑스 제품이 가장 마음에 들지만 가격이 페르 투와누의 두 배 가까이 하기 때문에 적당히 타협해서 가성비가 좋은 페르 투와누를 사는 편이다.

　만드는 공정 외에도 얼마나 숙성되었는지에 따라 치즈의 맛은 달라진다. 치즈가 숙성된다는 것은 발효가 된다는 것. 다시 말해 곰팡이가 일을 한다는 것으로, 치즈가 만들어진 날로부터 시간이 오래 지날수록 곰팡이들의 활동 기간이 길어지고 따라서 치즈의 숙성이 많이 진행된다. 그래서 유통기한에 가까워진 브리는 유통기한이 많이 남아 있

　삶의 지금 이 순간을 한입에

는 브리보다 훨씬 곰삭아 있는 것을 볼 수 있다. 냄새가 진해지며 린드(치즈의 껍데기 부분)를 가르면 나타나는 속살은 흐물흐물 녹아내린다. 그러니 어떠한 단계의 치즈를 먹을 것인지, 그리고 구입한 치즈를 얼마나 묵혔다가 먹을 것인지는 취향껏 선택하는 게 좋다.

정리하자면 치즈는 언제나 '~ing'의 상태라고 말할 수 있다. 우리가 먹는 치즈는 만들어진 순간 이후 항상 숙성되어가는 **과정** 중에 있으니까. 거창하게 말하자면 우리는 치즈를 먹음으로써 그러한 과정 속 한 단면을 포착하게 된다고도 할 수 있을 것이다.

우리는 앞서 칸트가 《순수이성비판》에서 인간 이성을 분석해내 객관적인 지식의 범위를 밝혀내 보이겠다는 대담한 시도를 한 것을 살펴봤다. 그런데 이러한 칸트의 시도를 두고 애초에 말이 안 되는 일이라고 딴지를 건 사람이 있었다. 바로 헤겔이다.

이건 왜 그런 거야? 저건 왜 그런 거야? 끊임없는 "왜?"의 공격으로 주변 어른들을 괴롭게 하는 네 살짜리 어린아이처럼, 자신이 직면한 상황의 원인을 계속해서 물어가는 이성은 이처럼 자신이 경험을 통해 답을 낼 수 없는 영역의 문제를 맞닥뜨리면 **모순**되는 두 가지 답을 동시에 지지

한다고 칸트는 말한다. 그동안 형이상학에서 신이 과연 존재하느냐는 물음이 던져지면 "존재한다"는 답변과 "존재하지 않는다"라는 서로 지극히 반대되는 답변이 함께 나온 것은 이러한 이유 때문이다.

이러한 상황에서 어떻게 하면 이성이 형이상학에서 확실한 앎을 찾을 수 있을지 제시하고자 했던 칸트. 그가 이성에 관해 분석해낸 것들 중에는 이런 것들이 포함되어 있었다. '나'는 무조건 이성이라는 나의 인식 틀을 통해서만 세계를 경험할 수 있다는 것. 그리고 그렇게 경험할 수 있는 것에 한해서만 확실한 지식을 가질 수 있다는 것. 그런데 나의 경험을 가능케 해주는 나의 이성(자의식) 그 자체는 결코 나의 경험의 '대상'으로 들어오진 않기 때문에 내가 확실하게 알 수 있는 영역이 아니라는 것. 결국 칸트의 결론은 어차피 알 수 없는 것에 목매지 말고 우리가 확실하게 알 수 있는 범위 안을 탐구하자는 것으로 매듭지어졌다. 그리고 이를 위해 자신이 인간 이성의 능력을 조목조목 분석해보이겠다는 야심 찬 계획도 함께.

헤겔이 칸트를 비판한 지점은 바로 칸트가 앞뒤가 안 맞는 이야기를 하고 있다는 것이었다. 분명 칸트는 인간의 이성에게 있어 가장 어려운 일 중의 하나가 자기 스스로를 인식하는 일이라고 말했다. 그런데 칸트가 달성해보이고 자 하는 일이 이성을 분석하는 것이라고? 칸트 본인도 이 성을 가진 인간이 아닌가? 방금 전에 이성은 이성 스스로를 파악할 수 없다고 말해놓고, 칸트는 자기가 가진 이성을 써서 이성을 분석하겠다고 말하고 있는 상황인 것이다.

백번 양보해서 칸트가 하는 것처럼 이성이 이성 스스로를 분석할 수 있다고 치자. 그렇다면 그렇게 '이성을 분석하고 있는 이성'은 또 누가 분석해줘야 하는 걸까? 이성이라는 대상을 분석하겠다고 칼을 뽑아 든 게 또다시 이성이라니. 분석의 대상이 동시에 그러한 분석의 주체가 되는 형국이라고 헤겔은 한 번 더 꼬집는다.

하지만 헤겔이 보기엔 이보다 더 큰 문제가 있다. 칸트가 최종적으로 달성하고자 하는 일, 즉 우리의 인식 내부 세계와 우리의 인식을 넘어서는 외부 세계의 경계를 포착하는 일은 결코 인간에게 가능한 일이 아니다. 우리의 삶과 외부 세계의 경계를 알기 위해서는 삶 밖으로 나가서 나의 삶을 제3자의 위치에서 조망할 수 있어야 할 것이다. 하지만 이러한 관점은 인간에게는 절대 가능하지 않다고

삶의 지금 이 순간을 한입에

헤겔은 생각했다. 우리는 결코 우리의 삶 밖으로 벗어날 수 없기 때문이다. 헤겔 왈, 우리의 삶을 파악하는 지점은 어디까지나 우리의 경험적 삶 그 안이어야 한다.

아직 끝난 게 아니다. 칸트를 향한 헤겔의 비판은 더 있다. 칸트가 외부의 세계 그 자체를 우리가 영영 알 수 없는 미지의 영역으로 남겨뒀던 것을 기억하고 있을 것이다. 우리는 어디까지나 이성이라는 특정한 모양의 틀을 통해 외부 대상을 받아들일 수 있을 뿐 외부 대상을 있는 그대로 받아들일 수 없다. 결국 외부 대상에게는 내가 경험하지 못한 —그래서 내게 영영 알려지지 않은 채로 남은— 대상 자체의 고유한 영역이 존재하게 되기 때문이다.

헤겔은 이를 두고 칸트가 "세계의 반밖에 보여주지 못했다"고 지적한다. 헤겔은 우리가 외부의 세계를 온전하게 알 수 있다고 보았다. 내게 알려지지 않으려 저항하는 대상의 고유한 영역 같은 것은 못 넘을 장애물이 되지 않는다. 내가 다양한 대상들을 경험함으로써 나의 인식 능력도 점차 성장하게 되고, 그러한 성장의 마지막 단계에는 비로소 이 세계의 모든 것을 확실하게 알게 되는 단계에 다다르게 된다고 헤겔은 주장한다.

그렇다. 헤겔이 생각하는 한 확실한 앎은 이렇게 우리의 인식 능력이 성장해 나가는 **과정**을 통해 가능해졌다. 이제 헤겔은 그러한 과정을 자세히 서술해서 보여주겠다고 말한다. 그리고 그 내용을 그의 책《정신현상학》에 담고 있다. 헤겔은 칸트가 말하는 자의식과 비슷한 개념으로 '정신Geist'을 내세우는데, 칸트의 자의식이 어디까지나 '나'의 자의식으로 끝난다면 헤겔의 정신은 '나'라는 개인을 넘어 세계 전체로까지 확장될 수 있는 개념이라는 점에서 차이가 난다. 헤겔에 따르면 나의 정신은 맨 처음 태어난 이후 변증법적인 운동을 통해 성장해나간다. 마지막 종착지인 절대정신Absoluter Geist의 상태에 이르러 모든 걸 다 알게 되기 전까지 말이다. 그리고 여기 등장하는 '변증법'에 눈길을 한 번 돌려주기를 바란다. 이게 바로 칸트가 보여주지 못한 세계의 나머지 반절을 보여줄 열쇠가 될 것이니 말이다.

내 앞에 어떠한 대상이 나타난다. 편의상 이 때의 나의 인식 능력을 A라고, 그리고 내 앞에 놓인 대상은 A*라고 이름 붙이자. 모든 걸 다 완벽하게 아는 절대정신에 도달하기 전까지는 내가 외부의 대상을 오롯이 파악하는 일은 불가능하다. 어쩔 수 없다. 일단은 내가 알 수 있는 데까지 대상을 파악할 뿐이다.

결국 A*에 대한 나의 인식은 아무리 노력해도 완전한 A*가 되지 못한다. 내게 포착되지 않고 남아 있는 부분이 여전히 대상에 존재하는 탓에, 내가 파악하고자 하는 대상과 그 대상에 대한 나의 인식이 서로 일치하지 않는 것이다. 하지만 나의 인식은 포기하지 않는다. 대신 다른 길을 택한다. 바로 제3의 길로 나아가는 것이다. 나의 인식은 이제 기존의 내 모습이었던 A도 아니고, 내가 파악하려고 그렇게 노력했던 A^*도 아닌, 전혀 새로운 단계인 B라는 모습으로 변모한다.

야호! 꼭 게임에서의 레벨업 같지 않은가? 나의 인식 능력이 한 단계 성장한 것이다. 이 '성장'이란 단순히 비유만은 아니어서, 마치 아이가 커가면서 관심사가 끊임없이 바뀌듯, 나의 인식 능력도 A에서 B로 한 단계 성장한 만큼 그 관심사를 달리한다. 나는 과거의 A^*에게 더 이상 관심이 없다. 레벨업을 했으면 이제 새로운 몹을 잡아야 한다. 그래서 나는 이제 B^*라는 새로운 대상을 내가 인식하고자 하는 목표로 삼는다. 그리고 나의 인식 능력은 지금까지와 같은 과정을 끊임없이 반복하며 새로운 대상을 경험해 나간다. B와 B^*를 넘어 C로, 또 C와 C^*를 넘어 D로, 그리고 마침내 절대정신의 단계에서는 내 앞에 놓인 대상(외부 세계)을 온전하게 파악하는 것이 가능해진다.

이러한 과정을 보고 있자면 나는 치즈가 숙성되어 가는 과정이 떠오른다. 치즈의 숙성 기간은 치즈의 종류를 구분

　　　　　　　　삶의 지금 이 순간을 한입에

하는 중요한 기준 중 하나다.

숙성됨에 따라 치즈는 그 모양새와 질감, 맛이 현저하게 달라지기 때문이다. 그렇다보니 얼마나 숙성되었느냐에 따라서 함께 먹었을 때 잘 어울리는 음식도 달라진다. 마치 정신의 관심 대상이 단계별로 달라지는 것처럼 말이다.

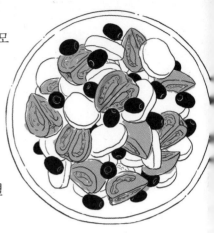

생모차렐라를 토마토와 블랙올리브와
함께 먹는 것은 클래식 중에 클래식이다

숙성 과정 없이 만들자마자 바로 먹는 치즈는 프레시 치즈라고 한다. 생모차렐라나 부라타 같은 경우가 이에 속한다. 생모차렐라는 먹기 전 잠시 따뜻한 물에 담가서 상온과 같은 온도로 맞춘 다음 오일을 뿌려 먹어도 좋고, 토마토나 가지를 곁들여 카프레제를 만들어 먹어도 좋다. 부라타는 생모차렐라를 주머니 같은 모양으로 만들어서 그 안에 크림을 가득 채워 넣은 치즈인데, 개인적으로 과일과 함께 먹는 걸 좋아한다. 이처럼 프레시 치즈는 생과일이나 생야채와 잘 어울린다.

내가 좋아한다고 말했던 브리는 소프트 치즈로 분류되는데, 소프트 치즈는 숙성 기간이 몇 주밖에 되지 않아 부드러운 질감을 가지는 치즈를 말한다. 본격적으로 곰팡이의 활동으로 인해 치즈 특유의 발효 풍미가 서서히 드러나기 시작하는 단계다. 그 증거로 린드가 흰색 곰팡이로 덮여 있는 걸 들 수 있다. 브리 외에 대표적인 소프트 치즈로는—나는 별로 안 좋아하지만 인지도는 매우 높은— 까망베르가 있다. 이들 치즈는 생야채와 그다지 어울리지 않지만 과일과는 여전히 궁합이 좋다. 그리고 빵이나 크래커 같은 탄수화물과의 '케미'가 좋아지기 시작하는 단계이기도 하다.

이보다 오래 숙성이 되면 쫀득한 질감의 세미하드 치즈가 되기도 하고, 거기서 숙성이 더욱 진행되면 단단한 식감의 하드 치즈가 된다. 고다, 에담, 에멘탈 등은 세미하드 치즈인데 아마 샌드위치를 좋아하는 사람들에게는 익숙한 이름일 것이다. 이 시기의 치즈들은 짠맛이 배가되어 탄수화물과의 궁합이 최고조가 된다. 샌드위치를 비롯하여 빵과의 조합을 통해 가장 많이 활용되는 이유이다. 피자에서 빼놓을 수 없는 고르곤졸라 치즈도 이 단계에 속한다.

개인적으로 고다는 너무 짠맛이 강해서 별로 안 좋아하

삶의 지금 이 순간을 한입에

리가토니 면과 베샤멜 소스로 만든 파스타 위에
보급형 파마산 가루를 뿌렸다

고, 에담은 특유의 답답한 맛 때문에 그리 즐겨 찾지 않는다. 이들 대신에 내가 고르는 건 에멘탈. 에담 치즈에 답답한 맛이 있다고 표현한 것과 반대로 에멘탈은 그 반대 방향의 열린 맛(?)이 있는데 이게 또 묘하게 매력적이다. 최근에 눈에 띄는 세미하드 치즈로는 하바티를 들 수 있다. 이건 마치 고다와 생모차렐라의 풍미를 합친 치즈 같다는 것이 나의 감상. 맛있는데, 정말 기름지고, 그만큼 칼로리도 매우 높다.

하드 치즈는 주로 요리에 사용되는 경우가 많다. 파스타 위에 마지막으로 치즈를 쓱쓱 갈아 올리는 모습을 봤을 텐데, 이런 치즈들이 바로 하드 치즈다. 딱딱하기 때문에 그레이터(강판)나 치즈 나이프 등의 도구가 필요하다. 비주얼만큼은 최고로 훈훈한 치즈 퐁뒤에 사용되는 그뤼에르는 대표적인 하드 치즈고, 우리가 흔히 파마산 치즈라고 말하는 치즈는 이 단계에 속하는 파르미지아노 레지아노라는 고급 치즈의 보급형 버전이다. 마치 자연 치즈 100%의 모차렐라와 첨가물을 많이 섞어 가공한 피자 치즈 간의 차이로 비교할 수 있달까. 이러한 하드 치즈들은 숙성 기간이 긴 만큼 가격대도 높아지고 더욱 응축된 발효 풍미를 가지고 있다.

삶의 지금 이 순간을 한입에

다시 내 인식에 관한 이야기로 돌아가 보자. 내 앞에 등장한 대상을 파악하려 노력하지만 마음처럼 잘 되진 않고, 그러한 상황을 타파하기 위해 아예 전혀 새로운 단계로 도약해버린다. 이처럼 나와 대상이 대치하는 상태를 뛰어넘어 제3의 대안으로 나아가는 방식을 변증법이라고 한다. 헤겔이 칸트가 이 세계의 반만 보여줬다고 자신만만하게 비판할 수 있었던 것은 이러한 변증법을 염두에 두고 있었기 때문이다.

대상을 파악하려는 나와 그런 나에게 자신이 가진 것을 순순히 보여주지 않는 대상. 이러한 상황에서 나는 변증법을 선택한다. 암만 용을 써도 상대방이 있는 쪽에 갈 수 없다면, 상대방을 아예 내 쪽으로 끌고 와버리면 된다. 나 자신이 새로운 모습으로 변신함으로써 아까까지 대립하고 있던 두 진영을 무효한 것으로 만들어버리는 것이다. 덕분에 대상이 나에게 보여주지 않으려고 꼭꼭 숨겨놓았던 외부 대상 고유의 영역이 사라져버리게 된다. 즉, 내게 파악되지 않고 남아 있는 부분이 없는 것이다.

헤겔은 바로 이 점에서부터 우리가 세계에 대해서 확실한 지식을 가질 수 있고, 또 세계의 모습을 있는 그대로 파악할 수 있다고 주장한다. 이처럼 우리가 세계에 대해 확실한 앎을 얻게 되는 것은 어디까지나 내가 경험하고 있는 그 삶 안에서일 수밖에 없다고 헤겔은 말한다. 수영을 배우고 싶다면 일단 물속으로 뛰어들어야 한다. 팔다리를 이렇게 저렇게 움직여야 한다고 아무리 물 밖에서 떠들어봤자 실제로 수영하는 법을 배우지는 못한다.

칸트의 방식처럼 내가 사는 삶으로부터 멀찍이 떨어져 어디까지가 나의 경험이고 어디까지가 그렇지 않은지를 제3자의 눈으로 바라보는 건 우리의 경험에 관해서 그 무엇도 알려줄 수가 없다. 애초에 이런 방법은 우리에게 가능하지도 않다. 우리는 삶 밖으로 벗어나 본 적도, 벗어날 수도 없기 때문이다.

적어도 내가 절대정신으로 거듭나 이 세계를 남김없이 나의 영역으로 환원함으로써 절대지를 얻는 때가 오기 전까진, 내가 나의 삶을 파악할 수 있는 위치는 오로지 나의 삶 속이다. 내가 살아가며 경험하는 과정 그 안에서 비로소 나는 내가 살아가는 세계를 파악할 수 있다. 마치 치즈를 맛보는 건 언제나 치즈의 숙성해가는 과정의 한순간일 수밖에 없는 것처럼. 하나의 치즈를 음미하고 그 맛을 파악하기 위해서는 어디까지나 그 치즈가 지금 거쳐가고 있는 삶의 단면을 포착해야 하는 것이듯 말이다.

04

이
성 理性
을 위한 초콜릿

모든 인간에게 보편적이기 때문에 객관성을 보증해줄 수 있는 이성을 분석하고자 했던 칸트. 그리고 진정한 객관성은 대상을 남김없이 파악할 수 있어야 한다고 생각하며 '절대지絶對知'를 향한 여정을 기술한 헤겔.

두 사람 다 객관적인 앎을 추구하고 있지만 그 방법은 확연히 다르다. 칸트는 우리가 알 수 없는 영역을 상정하고 우리가 인식 가능한 영역에 초점을 맞추고자 했던 반면, 헤겔은 모든 것을 주체의 영역으로 환원시켜 우리가 세계를 오롯이 알 수 있음을 강조한다.

관점이 다른 만큼 스타일도 다르다. 실제로 헤겔의 저작에서는 칸트에 비해 극적인 면이 많이 보인다. 칸트가 수학책처럼 《순수이성비판》을 썼다면 헤겔은 영화 시나리오를 쓰듯이 《정신현상학》을 쓴 느낌이다.

개인적으로는 나는 칸트의 결론이 꽤 파격적이라는 점이 마음에 든다. 자신이 형이상학의 뿌리 깊은 문제를 해결하겠다고 당당하게 등장하고 나면 그동안 풀리지 않던 문제들에 답을 내놓으려고 애쓰는 게 일반적일 텐데, 오히려 칸트는 안 되는 일에 목매지 말자며 불가능한 부분은 버리고 가능한 부분에 집중하자고 하니까 말이다. 여간 쿨한 것이 아니다.

한편, 헤겔의 지적처럼 칸트의 주장이 모순적으로 들리는 것도 사실이다. 내 이성이 결코 내게 경험 가능한 영역이 아니라면, 결국 나는 나 자신에 대해 알 수 없다는 이야기니까. 하지만 또 곰곰이 생각해보면 이해를 못할 것도 없는 것 같다. 나 자신도 나를 제대로 모르겠다고 느끼는 때가 어디 한두 번이던가? 원래 세상에는 모순적인 일들이 많이 벌어지는 법이다.

칸트는 이렇게 모순된 답을 얻고 싶지 않다면 애초에 우리가 경험할 수 있는 영역만 탐구하라고 얘기할 텐데, 아마 헤겔이라면 다를 것이다. 그는 아마 내 편을 들어줄 것이다. 이 세상은 원래 모순으로 가득 차 있다고. 그리고 나는 그 모순을 발견했을 뿐이라고. 모순은 앎이 허락되지 않은 영역으로 넘어갈 때 맞닥뜨리는 벌이 아니라고 말이다.

나는 초콜릿을 좋아하지 않지만 그렇다고 아예 안 먹는 건 아니다. 화이트 초콜릿은 초콜릿이 아니라며 거들떠보지 않다가도 화이트 초콜릿이 박힌 쿠키 같은 건 아무 소리 하지 않고 먹는다. 이런 나의 취향이 모순적으로 보일 수도 있겠으나 나는 그저 '맛이 있느냐 없느냐'의 기준을 충실히 따르는 것뿐이다.

얇고 바삭한 웨이퍼(흔히 말하는 웨하스)에 달콤한 초콜릿이 덮여 있다면, 이건 웬만해서 맛이 없을래야 없을 수가 없다. 웨이퍼와 초콜릿의 조합으로 유명한 로아커, 레돈도, 킷캣 등의 과자가 항상 베스트셀러의 자리를 지키고

'킷캣 쇼콜라토리'에서 판매하는 수블림 라인의 초콜릿이다
©오수민

있다는 사실이 이를 입증한다. 더구나 이런 종류의 과자는 첨가된 초콜릿만 다른 종류로 바꾸면 제품 자체의 맛이 확 달라지기 때문인지 여러 가지 다양한 맛이 출시되어 있어 선택의 폭이 넓을 뿐만 아니라, 특정한 시즌에 맞춘 한정 판이나 신제품도 자주자주 발매된다.

그렇다. 신제품이 자주 나온다. 그게 바로 사건의 발단 이었다. 나는 레돈도는 썩 좋아하지 않지만, 로아커나 킷 캣은 평소 좋아하는 맛 외에도 새로운 맛이 나오면 한 번

씩 사 먹어보는 편이다. 그중에서도 킷캣은 생각지도 못한 맛의 신제품이 자주 출시되기 때문에 관심을 가장 많이 기울이게 된다. 그러니 '한정판 루비 킷캣'이 나왔다는 소식에 귀가 솔깃했을 수밖에. 각종 화려한 수식어가 난무하는 홍보 문구도 문구지만, 영롱한 핑크빛 색상의 초콜릿과 예쁜 패키지에 홀려버렸다. 가격을 보고 어차피 그리 좋아하지도 않는 초콜릿에 이만큼 투자해야 하나 싶은 생각도 들었다. 하지만 내가 먹지 않더라도 주변 사람에게 선물하기에 좋은 제품이기도 하니 재미 삼아 사보자고 스스로를 납득시켰다. 이왕 사는 거라면 역시 하나만 사기엔 섭섭하다. 같은 프리미엄 라인에 속한 쌉쌀한 다크 초콜릿 맛의 '비터Bitter', 진한 '녹차' 맛까지 세 가지 호화판 킷캣을 손에 넣었다. 만족스러운 지름이었냐고? 음… 그 감상은 잠시 후에 털어놓도록 하겠다.

이성理性을 위한 초콜릿

칸트는 인간의 이성은 자신이 처한 상황의 원인을 묻고, 그 원인을 찾으면 다시 그것을 결과로 만드는 상위의 원인을 끊임없이 찾아나가는 운명을 타고났다고 말한다. 그래서 인간은 자신의 존재에 대해 의문을 가지는 것에서부터 시작해 종국에는 이 세계 자체에 대해 물음을 던지고, 그 세계의 원인이 되는 존재가 있는지에 대해서까지 의문을 품고 논해왔다.

이렇게 스스로 계속해서 원인을 찾아 물음을 던지는 건 이성 능력의 운명 또는 본성이다. 그만둘래도 그만둘 수가 없다. 끝이 없는 사다리를 오르는 것 같아서 왠지 불쌍하

긴 하지만, 이러한 운명이 꼭 비극적인 것만은 아니다. 상위의 원인을 찾아 올라가는 과정에서 보편 개념을 확립할 수 있기 때문이다.

예를 들면 앞에서 언급한 세 종류의 웨이퍼 과자를 먹었다고 치자. 각각 개성은 있겠지만 어딘지 서로 비슷한 구석이 있다고 느낄 것이다. '왜지?' 당신은 생각한다. 그리고 도출한 답은 셋 다 초콜릿을 씌운 웨이퍼이기 때문이라는 것. "그렇군, 이런 종류의 과자를 통틀어서 웨이퍼라고 할 수 있군." 당신은 원인을 찾아 올라가는 과정에서 구체적인 세 개의 과자가 속하는 보다 큰 개념인 '웨이퍼'를 확립한다. 이러한 보편 개념은 구체적 사물을 단순히 경험하는 것만으로는 얻어지지 않고, 받아들인 경험을 정리해 판단함으로써 도출되는 것이다. 그리고 이러한 판단의 과정에서는 이전에도 등장했던 "내 생각에는"이라는 이성의 틀이 반드시 쓰이게 된다는 점에 주목해보자. 이를 고려한다면 우리는 이성을 사용해 경험을 정리하는 과정을 통해 보편 개념을 얻어낸다는 걸 알 수 있다.

여기서 잠깐. 이성이 계속해서 상황의 원인을 규명해나가는 와중에 구체적인 개별 대상들을 아우르는 상위의 개

　　　　　　　　　　　이성理性을 위한 초콜릿

념을 확립해가는 과정이 꼭 무엇인가를 닮았다는 생각이 들지 않는가? 그렇다. 내가 마주한 대상을 파악하기 위해 나와 대상을 모두 아우르는 제3의 단계로 나아가는 방법, 바로 변증법과 닮아 있다. 칸트가 인간의 이성 능력에 대해 설명한 내용은 이처럼 변증법적인 요소를 포함하고 있었기에 헤겔의 마음에도 쏙 드는 것이었다. 그래서 헤겔이 이성 능력에 관한 칸트의 의견에 대부분 동의한 것도 사실이다. 다만 한 가지 예외가 있었다. 그것은 바로 이성이 마주하는 모순에 관해서였다.

칸트는 이성 능력이 묻는 원인의 층위가 높아질 때 인간은 그 답을 찾을 수 없어 괴로워한다고 보았다. "웨이퍼는 누가 만들었을까?" 또는 "인간은 왜 과자를 먹는 걸까?"까지는 괜찮을지도 모른다. 하지만 "애초에 인간은 왜 음식을 먹지 않으면 살 수 없도록 만들어졌나?" "인간은 왜 존재하나?" "인간을 일부러 창조한 존재가 있는가?" 등의 물음까지 거슬러 올라가게 되면 대답하기 곤란해지기 시작한다. 내가 경험해서 알아낼 수 있는 문제가 아니기 때문이다. 그래서 내가 마주한 세계와 그에 대해 내가 이해하고 있는 바가 정확하게 일치하지 않는다. 이건 세계와

나 사이의 대립이자 모순이다. 즉 이성 능력은 종국에 모순을 도출해낸다.

하지만 헤겔이 보기에 이러한 모순은 이성이 직접 경험해서 알 수 있는 영역을 벗어났기에 얻은 결과가 아니었다. 즉 어차피 알 수 없는 영역까지 제멋대로 나아갔다가 '잘못 얻은 결과'가 아니라는 것이다. 오히려 헤겔은 이성이 올바른 답을 찾은 것이라고 말한다. 모순은 이 세계 안에 실제로 존재하고, 이성은 그것을 제대로 파악한 것이라고 말이다.

엄청난 감탄을 자아내면서도, 어딘가 조금 낯선 설명이다. 우리는 흔히 무엇인가를 '제대로' 파악했다면 그것은 명쾌하게 딱 떨어지는 답일 거라고 생각하기 때문이다. 그건 그 대상이 세계가 되어도 마찬가지다. 그래서 과학자들도 시대를 막론하고 세계를 논리적으로 설명해줄 수 있는 하나의 이론을 줄곧 찾아왔던 것 아닌가. 그런데 이 세상을 제대로 파악한 결과가 오히려 모순인 게 맞는 거라니. 헤겔은 왜 이런 설명을 하는 것일까?

이성理性을 위한 초콜릿

로아커, 레돈도, 킷캣이라는 개별적인 과자들
이 공통적으로 속하는 '웨이퍼'라는 상위 개념. 이러한 상
위 개념을 이해하는 한 가지 방식은 개별적인 것들의 공통
점을 추출해낸다고 생각하는 것이다. 일종의 거름망처럼,
로아커와 레돈도 그리고 킷캣 사이에 공유되는 공통분모
를 걸러내어 그것으로 상위 개념을 설명한다.

세 과자는 겉모양만 봐서는 서로 전혀 닮지 않았지만,
얇은 과자와 크림이 함께 샌드 되어 있다는 점에서 모두
웨이퍼라고 불릴 수 있다. 이렇게 도출한 '웨이퍼'라는 개
념은 그래서 실재하는 구체적인 과자가 아니라 머릿속에

떠오른 생각, 그야말로 개념이다.

이러한 개념을 플라톤 같은 철학자는 이데아idea라고 불렀다. 플라톤은 불완전하며 결점투성이인 현실 세계의 사물들과는 달리, 이데아는 영원하고 완벽한 것이라고 보았다. 예를 들어 '웨이퍼'라는 이데아가 있다면, 그것은 모든 웨이퍼 과자가 목표로 할 만한, 그야말로 완벽한 웨이퍼의 모습을 하고 있을 것이다. 그리고 현실 세계에 존재하는 모든 웨이퍼 과자는 이 이데아의 허접한 모방에 지나지 않는다고 플라톤은 설명한다.

이데아는 현실 세계와는 동떨어진 것이니, 이러한 이데아를 파악하는 것은 오로지 이성을 통해서만 가능하다. 우리가 현실에서 경험하는 웨이퍼는 어디까지나 불완전한 것이기 때문에 아무리 웨이퍼를 사먹는다 한들 그것만으로는 '웨이퍼' 이데아에 대한 지식을 가질 수가 없다. 이 점은 앞서 우리가 살펴본, 경험만으로는 보편적 개념을 얻을 수 없다는 것과도 꽤 잘 합치된다.

하지만 여기서 헤겔은 이러한 개념이 결코 완전 불변한 것이 아님을 주장함으로써 우리의 귀를 솔깃하게 한다. 헤겔이 보기에 웨이퍼의 이데아, 바꿔 말해 '웨이퍼'라는 보편 개념은 결코 완전무결한 웨이퍼의 형상을 하고 있는 것

　　　　　　　　　　이성理性을 위한 초콜릿

도 아니고, 영영 변화하지 않는 것도 아니다. 헤겔이 이렇게 주장하는 근거는 바로 보편 개념이 도출되는 과정에 있었다. 보편 개념은 이성이 자신에게 주어진 상황의 원인을 물어가는 것의 결과였고, 그것은 다름 아닌 변증법적 과정이었다. 그렇다면 보편 개념이란 그 자체로 변증법적일 수밖에 없다.

로아커, 레돈도, 킷캣으로부터 그것들을 모두 아울러서 설명할 수 있는 상위의 개념을 만들어냈다면 그것은 세 과자의 공통점만 쏙 골라서 만든 개념이라기보다, 길쭉한 웨이퍼, 막대 형식으로 돌돌 말아진 웨이퍼, 겉에 초콜릿을 코팅한 웨이퍼 등등 다양한 웨이퍼들을 모두 함께 포섭하는 개념이라는 것이 헤겔의 설명이다. 그러므로 보편 개념이란 현실 세계의 사물들과는 동떨어져 완전 불변하게 존재하는 것이 아니라, 오히려 현실 세계의 불완전함과 끊임없이 변화하는 과정 모두를 그 안에 담고 있는 것으로 보아야 타당하다.

헤겔이 보기에는 세상의 모든 진리가 다 이런 식이었다. 영원불변하고 완벽한 개념은 없었으며, 세상은 항상 이러한 변증법을 원리로 움직였다. 더 높은 차원의 개념은 앞선 개념들이 도출된 변증법적 과정까지 모두 포함하고, 그러므로 상위의 개념일수록 더욱더 불완전하고 다양한 측면, 즉 모순까지 담을 수 있게 된다. 변증법적인 과정을 통해 발전해나가는 이성은 인간의 머릿속뿐만 아니라 이 세계 안에도 존재했던 것이다. 결국 이성이 도출해낸 모순은 세계 속 진리와 관계없이 혼자만의 착각으로 얻은 것이 아니었다. 모순은 이 세계에 실제로 존재하며, 이성은 그저 그것을 파악했을 뿐이다.

이건 틀림없이 우리와 세계 모두 '이성'이라는 동일한 본성을 가진 덕분이라고 헤겔은 결론을 내린다. 그리고 우리가 세계와 동일한 본성을 공유한다면 우리가 가진 본성을 통해 세계의 본성 또한 파악할 수 있을 것이다. 다시 말해 우리의 이성을 사용하면 된다. 더 이상 세계는 우리에게 이해 불가능한 것이 아닌 것이다. 우리에게 이해 가능하며 심지어 동일한 본성까지 공유하는 세계. 그렇다면 우리가 세계를 경험함으로써 얻는 앎은 인간의 경험이라는 영역에 국한된 지식이 아닌, 세계 그 자체에 대한 확실한 지식일 것이다.

너비는 손가락 한 마디요, 길이는 그보다 조금 긴 킷캣 스틱 하나가 반올림해서 오천 원. 다행히(?) 나머지 두 개는 개당 사천 원. 헤겔은 세계에도 이성이 있는 만큼 우리에게 주어진 이성을 사용해 세계를 이해할 수 있다고 말했다. 나에게 이번 초콜릿 지름, 구매 소감을 말해보라면, 편의점이나 마트에서 한 곽에 천오백 원 하는 즉 개당 오백 원짜리의 일반 킷캣을 가지고도 프리미엄 킷캣의 맛을 충분히 이해할 수 있다고 답하겠다. 평범한 녹차 킷캣이나 프리미엄 라인의 녹차 킷캣이나, 초콜릿으로 감싼 웨이퍼라는 구조는 동일하다. 비싼 만큼 녹차 가루가

많이 들어가 있는 것 같긴 하지만 결국 웨이퍼라는 동일한 본성의 동일한 킷캣이다. 비싼 돈 주고 굳이 시식해보지 않더라도 그 맛을 충분히 상상할 수 있다. 가장 많이 기대했던 루비 킷캣은 확실히 상큼하니 입맛에 맞았으나 기존 라즈베리 킷캣의 업그레이드 버전인 느낌으로, 기존에 시판되고 있는 킷캣 맛에서 크게 벗어나진 않았다.

  기껏 열을 올려 홍보한 제품을 두고 김새는 글을 쓴다고 네슬레에서 이 글을 못마땅해할지도 모르겠다. 하지만 이런 글을 읽고 나서 오히려 프리미엄 킷캣을 사고 싶어

이성理性을 위한 초콜릿

지는 사람이 있을지 누가 알겠는가. 원래 세상은 모순적인 게 당연한 거라는데. 프리미엄이나 한정판까지 가지 않더라도 갑자기 킷캣 얘기를 들은 김에 오다가다 사 먹게 될지도 모르는 일이다.

이렇게 미적지근한 평가를 하고 있는 나조차도 '이번 지름을 계기로 세계 이성nous도 생각해보고. 완전 손해는 아니었어'라고 생각하고 있으니 말이다. 머릿속 한구석에서 '아니, 이건 그냥 자기 합리화 아닌가?' 하는 소리가 들려오는 듯도 싶지만, 아마 당이 떨어져서 그럴 것이다. 초콜릿을 마저 먹어야겠다.

05

다이어트는 에피쿠로스처럼

소크라테스는 독약을 마시기 전, 자신을 고 깝게 보는 사람들에 의해서 억울한 누명을 썼다고 '고고한' 변명을 했는데, 억울한 거로 치자면 오늘의 주인공인 에피쿠로스Epicurus를 따라올 자가 없는 것 같다. 혹시 에피큐어Epicure라는 말을 들어본 적 있는가? 에피큐리어스Epicurious라는 웹사이트는? 에피큐어는 먹는 것을 좋아하는 사람을 뜻하는 말이고, 에피큐리어스는 해외의 유명한 요리 레시피 사이트다.

에피큐리언Epicurean은 '에피쿠로스 학파'라는 뜻을 가지고 있기도 하지만, 미식가를 뜻하는 고메Gourmet와 동의어로 쓰이기도 한다. 단어를 보자마자 짐작할 수 있듯, 이 모든 단어가 에피쿠로스의 이름을 따서 만들어진 단어이다. 대체 에피쿠로스는 얼마나 먹는 것을 좋아하는 사람이었길래 음식과 미식에 관련된 단어란 단어에는 죄다 이 사람의 이름이 들어가 있을까?

에피쿠로스는 사실 미식과는 거리가 한참 먼 사람이다. 오히려 그의 식생활은 수행승의 식생활과 비슷하지 않았을까 싶을 정도였으니까. 게다가 그의 금욕적인 라이프 스타일은 비단 음식에만 국한된 것이 아니다. 에피쿠로스가 그의 쾌락주의 철학으로 유명하다 보니 흔히 그를 방탕한 이미지로 인식하고 있는 경우가 많은데, 이건 그의 실제 삶의 모습과는 정반대다. 물론 엄밀하게 말하자면 그가 쾌락주의자였다는 것은 사실이고 에피쿠로스의 사상은 철학적으로 쾌락주의가 맞다. 하지만 그가 추구한 쾌락은 우리가 쾌락을 생각할 때 쉽게 떠올리는 말초적인 쾌락과는 전혀 다르다.

고대 그리스 시대의 철학자였던 에피쿠로스의 철학이 목표로 하는 것은 최대한 행복해지는 것이었다. 그리고 이때의 행복은 곧 쾌락을 얻는다는 걸 의미한다. 에피쿠로스

다이어트는 에피쿠로스처럼

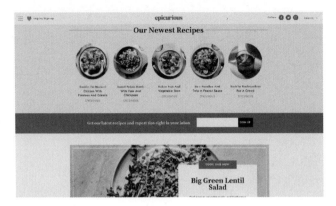

'에피큐리어스' 홈페이지

에 따르면 모든 쾌락은 좋은, 즉 선한 것이다. 쾌락과 함께 수반되는 어떠한 행위가 나쁠 수는 있겠지만 쾌락 그 자체는 무조건 좋다는 것이 그의 논리다. 에피쿠로스는 인간이 삶에서 추구하는 궁극적인 목적은 바로 쾌락이라고 주장하면서 인간이 좋고 나쁨을 판단하는 기준도 쾌락이라고 말했다. 에피쿠로스가 이를 증명하기 위해 논증을 제시하진 않는다. 그저 인간이라면 누구나 본성적으로 느끼고 있을 것이라는 게 그가 내놓는 근거일 뿐이다.

이런 걸 보면 에피쿠로스는 언뜻 보기엔 쾌락이 삶의 전부라며 쾌락지상주의를 설파하는 듯하다. 하지만 좀 더 자세히 들여다보면 그 내용은 오히려 금욕주의에 가깝다. 이는 그가 생각하는 쾌락의 정의가 조금 독특한 데다가, 쾌락의 종류를 세부적으로 구분해 추구할 만한 쾌락과 그 렇지 않은 쾌락을 나누기 때문이다.

쾌락은 에피쿠로스에 따르면 욕구의 만족이다. 그리 고 어떠한 욕구를 만족시키느냐에 따라서 그 쾌락의 중요 도가 달라진다. 우리가 갖는 욕구 중 가장 기본적이면서 도 강력한 것은 무엇일까? 아마 듣고 나면 고개를 끄덕이 게 될 텐데 바로 '고통을 제거하려는 욕구'다. 에피쿠로스 의 쾌락주의는 이러한 전제에서 시작하기 때문에 고통이 없는 상태 자체가 이미 쾌락을 느끼는 상태와 같은 것으로 설정된다. 그리고 이와 같은 맥락에서는 우리가 가진 고통 을 모두 제거하는 것이 곧 가장 기본적이면서 강력한 욕구 를 만족시키는 것이 될 것이다.

그래서 가장 중요한 쾌락은 이러한 본성적인 욕구를 만 족시키는 것, 즉 고통을 없애는 것을 통해 얻어지는 쾌락 이라는 결론이 도출된다. 이런 종류의 쾌락은 배고픔, 목 마름, 추위 등의 고통스러운 상태를 벗어남으로써 얻을 수 있는데, 고통의 해소가 끝난 후 찾아오는 쾌락이라는 뜻에

다이어트는 에피쿠로스처럼

서 정적인static 쾌락이라고도 불린다.

반면 이렇게 본성적인 욕구가 아닌 욕구를 채우는 데에서 오는 쾌락, 이를테면 단순히 허기를 가시게 해줄 용도로의 음식이 아니라 특별히 맛있는 음식을 먹고 싶은 욕구를 만족시킴으로써 얻어지는 쾌락은 그 욕구를 충족시키는 동안 느껴지는 쾌락이라고 해서 동적인moving 쾌락이라고 불린다. 실제로 맛없는 음식이나 맛있는 음식이나 먹고나면 배가 부른 것은 똑같지만, 맛있는 음식은 그것을 먹는 동안 우리에게 즐거움을 준다. 이러한 동적인 쾌락을 산출하는 욕구는 사실 우리에게 반드시 필요한 욕구는 아니다. 오늘 저녁으로 샐러드 대신 치킨을 먹고 싶다고 해도, 치킨을 못 먹는다고 해서 큰일이 나는 것도 아니며 치킨 말고도 나의 허기를 채울 음식은 많으니 말이다.

중요도에서만 차이가 나는 건 아니다. 에피쿠로스는 그 쾌락의 크기도 다르다고 말한다. 에피쿠로스는 필수적이지 않은 동적인 쾌락은 정적인 쾌락보다 크지도 않기 때문에 우리가 마땅히 추구하고 가치를 둬야 할 쾌락은 고통이 해소된 상태로부터 얻어지는 정적인 쾌락이라고 주장한다. 덧붙여 말하자면, 고통이 해소된 상태는 단순히 몸의 고통만 없어진 상태를 일컫는 건 아니다. 정적인 쾌락은 정신적으로 마음의 동요가 없는 아타락시아Ataraxia와 몸의 고통이 없는 아포니아Aponia를 모두 포함하고 있다.

이를 정리해보면 에피쿠로스가 왜 미식가가 아닌지 분명해진다. 산해진미를 즐기는 미식가라면 동적인 쾌락을 우선시했겠지만, 에피쿠로스는 우리에게 정적인 쾌락을 추구해야 한다고 말하고 있다. 에피쿠로스는 배고픔을 반찬으로 해서 먹는 소박한 한 끼가 배부를 때의 호화로운 진수성찬보다 우리에게 더 좋은 그리고 더 많은 쾌락을 준다고 본 것이다. 이 얼마나 세상 모든 다이어터들에게 귀감이 될 만한 사상인가!

다이어트는 '쾌락주의'와 함께

나도 가끔은 '로 비건Raw vegan(생채식주의 자)'에 빙의해 에피쿠로스의 가르침을 몸소 실천할 때도 있다. 물론, 어디까지나 가끔이긴 하지만. 나는 원래 아침을 먹고 나면 점심 메뉴를 생각하고, 점심을 먹고 나면 저녁을, 그리고 잠자리에 들기 전에는 다음 날 아침엔 뭘 먹을까 하는 기대에 부풀어 잠이 드는 그런 사람이다. 어쩌다가 맛없는 음식으로 배를 채우게 되면 그렇게 억울할 수가 없다.

어디 그뿐인가. 윤리적인 신념을 위해 채식을 하려고 노력하지만 매번 윤기 흐르는 고기 앞에서 무너지고 말아 결국 채식주의자가 되지 못한, 이 구역의 육식주의자가 바로 나다. 하지만 그런 나에게도 음식은 그저 '허기를 달래주면 그만' 정도의 생각이 드는 때가 가뭄에 콩 나듯이 찾아온다.

그런 날은 이런 걸 해먹는다. 두부와 오이를 메인으로 한 샐러드. 팬에다 올리브 오일을 넉넉하게 뿌리고 두부를 튀기듯 익혀낸다. 잎채소를 적당히 찢어 넣고 오이도 원하는 만큼 썰어 넣는다. 나는 적상추를 사용했지만 청상추나 로메인 상추처럼 보다 맛이 연한 잎채소를 사용할 것을 추천한다. 드레싱은 과감하게 생략. 그저 소금만 사용해서 간을 맞췄다. 화려한 맛을 내는 재료는 없지만 배고픔을 가시게 해준다는 단순하고 소박한 목적에 충분히 부합하는 한 접시다. 하지만 충분히 맛있었다! 그리고 항상 이렇게 먹는 것 마냥 사진으로 남겨둔다.

이번엔 생애호박 파스타. 생채식 요리 중 파스타면 대신 애호박을 면처럼 길게 깎아 사용하는 요리가 있는데, 거기에서 착안했다. 파스타는 통밀 파스타를 사용했다. 일반 밀로 만든 파스타보다는 훨씬 뻣뻣하지만 향이 굉장히 구수해서 한 번 통밀 파스타를 사용한 이후로는 좀처럼 일반

야식으로 먹어도 부담없을
두부오이샐러드

밀 파스타에는 손이 가지 않는다. 다만 삶을 때 일반 파스
타보다 1~2분 시간이 더 걸리니 참고할 것.

생애호박은 필러를 사용해 얇은 끈 모양으로 벗겨낸다.
순한 애호박 맛에 어울릴 수 있도록 잎채소로는 베이비 채
소를 준비했다. 드레싱은 이번에도 간소하게 올리브 오일
과 발사믹 식초가 전부다. 익히지 않은 애호박의 부드럽고
달콤한 맛과 담백한 통밀 파스타, 그리고 그 사이에서 상
큼하게 균형 잡아주는 발사믹 식초 덕에 물리지 않고 끝도
없이 먹게 된다.

생애호박과 채소, 발사믹 식초와
올리브 오일의 조합이 좋다

　매일 이렇게 쾌락주의적인 식단을 이어갈 수 있다면 다
이어트는 순조롭겠지만 인간의 욕심은 끝이 없고 같은 실
수를 반복하니…. 마음을 다잡아 보고자 여기서 에피쿠로
스의 다이어트 구루guru(정신적 스승, 지도자)스러운 면모
를 하나 더 살펴보자.

　에피쿠로스는 어떤 쾌락이 장기적인 관점에서 고통을
일으킨다면 그 쾌락은 포기하는 것이 좋으며, 지금은 고통
일지라도 장기적으로 큰 쾌락을 산출한다면 그 고통은 감

내할 가치가 있다고 말한다. 어떤가, 에피쿠로스의 말이 마치 "지금 먹어서 잠깐 즐겁고 나중에 후회하느니, 차라리 지금 먹고 싶은 걸 꾹 참고 목표로 삼은 다이어트에 성공하는 게 훨씬 낫다"로 바뀌어 들리지 않는가? 이는 결국 진정한 쾌락을 얻기 위해서는, 맛있는 음식처럼 한순간의 쾌락을 가져다주는 것에 집착하지 말고, 잠깐의 고통을 참아야 한다 하더라도 나중에 더 큰 기쁨을 가져다줄 수 있는 절제가 우리에게 필요하다는 말과 같다. 에피쿠로스의 쾌락주의를 단순히 '쾌락'이라는 단어만 보고 판단해서는 안 되는 이유가 여기에 있다.

에피쿠로스의 말을 머리로 이해하는 만큼 실천하는 것도 쉬웠다면 끊임없이 반복되는 다이어트 따위는 애초에 존재하지 않았을 터. 절제할 줄 아는 삶이 어려운 것은 예나 지금이나 매한가지였는지 에피쿠로스의 가르침을 따르는 이들은 일종의 생활 공동체를 만들어서 그 안에서 가르침을 실천하며 함께 살아갔다고 한다.

흥미로운 점은, 철학자라면 모두 지적인 영역의 가치를 높게 평가할 것 같다는 고정관념과 달리 에피쿠로스는 지적인 욕구—학문과 철학을 하려는 욕구를 포함하는—또한 동적인 쾌락과 마찬가지로 필수적인 것이 아니라고 생각해 진리 탐구를 중요하게 여기지 않았다. 그 대신 에피쿠로스는 굳이 앎을 추구하지 않아도 자신이 이미 밝혀놓은 가르침을 따르며 살아가면 고통이 없는 상태에 이를 수 있고 따라서 행복해질 수 있다고 설파했는데, 이런 면에서 그의 철학은 일종의 복음주의 철학이라고도 볼 수 있다.

다이어트는 에피쿠로스처럼

에피쿠로스가 향락적인 쾌락을 추구하는 것과는 거리가 먼 사람이었다는 건 이제 충분히 보여졌을 것이다. 그렇다면 에피쿠로스는 대체 어쩌다가 미식에 탐닉하고 말초적인 쾌락을 추구하는 방탕아 같은 이미지를 갖게 된 걸까? 단순히 사람들이 쾌락pleasure이라는 단어를 보고 단편적으로 판단해서일까? 아니면 혹시 지금까지 살펴본 것―육체로부터 비롯한 본성적인 욕구와 그 쾌락―에 대해서는 절제를 강조했지만, 정신과 관련된 영역에 대해서는 향락을 추구했던 건 아닐까?

에피쿠로스에게 있어 가장 중요한 쾌락은 고통을 해소

함으로써 얻어지는 쾌락이라고 앞서 언급했었다. 우리 몸에 고통을 부여하는 원인 중 하나를 꼽자면 배고픔을 들수 있을 것이다. 아무리 없애도 어김없이 다시 찾아오는 배고픔 말이다. 정신적인 고통을 야기하는 원인 또한 생각해볼 수 있을 텐데, 물론 정신적으로 고통받게 되는 원인은 다양한 게 있겠지만 에피쿠로스는 우리를 정신적으로 고통스럽게 만드는 가장 큰 원인 하나를 꼽을 수 있다고 보았다. 그것은 '죽음에 대한 두려움'이다.

하지만 에피쿠로스는 죽음이란 두려워할 만한 것이 아니라고 설명한다. 죽음은 그저 우리를 이루고 있던 원자들이 흩어지는 것뿐이며, 좋고 나쁨의 기준은 그것이 쾌락을 주는지 고통을 주는지에 달려 있는데 우리가 죽으면 더 이상 아무것도 느끼지 못하게 되므로 죽음 그 자체는 결코 선도 악도 아니라고 말한다. 그러므로 죽음을 나쁜 것이라고 생각해서 두려워하지 않아야 하며, 그러한 두려움을 없애서 마음의 평정을 회복해야 한다는 것이 에피쿠로스의 가르침이다. 죽음에 대한 공포가 가장 큰 정신적 고통이므로 이를 벗어나 평화로운 마음을 유지할 수 있다면 그것은 곧 가장 큰 쾌락을 얻는 것과 같다.

정신적인 면에서의 이야기가 나왔으니 말인데, 에피쿠로스는 친구와의 우정이 행복한 삶에 있어 굉장히 중요하다고 생각했다. 에피쿠로스가 죽기 전 친구에게 보냈던 편지를 보면 신장이 안 좋아서 소변도 제대로 보지 못하고, 이질에 걸려 고통스러워하고 있었다는 것을 알 수 있다. 그럼에도 불구하고 에피쿠로스는 지금 친구와 과거에 나누었던 즐거운 대화를 떠올리며 그 고통을 상쇄하고 있다고, 그래서 자신은 지금 '행복한' 상태라고 쓰고 있다.

이처럼 당장 해결할 방법이 없는 고통을 과거의 행복했던 기억을 떠올려서 상쇄하려고 했던, 거의 바보 같을 정도로 고아한 쾌락을 추구했던 에피쿠로스인데 대체 어쩌다가 향락적인 삶의 대명사가 되었느냔 말이다!

사실을 말하자면, 이건 그저 후대인들의 '쾌락주의'에 대한 섣부른 판단 때문만은 아니다. 이 오해는 계획적으로 덧씌워진 것으로, 그 범인은 그의 제자 중 한 사람인(심지어 제자다!) 티모크라테스Timocrates로 알려져 있다. 티모크라테스와 에피쿠로스 사이에는 의견 충돌이 자주 있었는데, 그로 인해 앙심을 품었는지 티모크라테스는 에피쿠로스가 살아 있을 때부터 이미 그에 대한 사실무근의 소문을 퍼트리며 에피쿠로스를 모함했다고 한다. 친구와 우정을 삶에서 중요한 요소라고 생각했던 에피쿠로스 그리고 스승으로 따랐던 에피쿠로스를 뒤에서 모함하고 다녔던 티모크라테스. 이들의 의견이 일치하지 않았다는 사실은 어쩌면 당연한 것이었는지도 모르겠다.

06

철학이라는 이름

"이건 이탈리아식 부침개입니다"

초등학교 때의 교과서였나. 세계 여러 나라 문화의 공통점과 차이점 등을 설명하는 부분에서 항상 빠지지 않고 등장하는 예는 피자였다. 그리고 꼭 "피자는 이탈리아식 부침개라고 부를 수 있지요" 따위의 올드한 비유가 덧붙여져 있었다. 나는 이 "이탈리아식 부침개"라는 말이 정말 너무 싫었다. ―다른 명칭은 이탈리아식 빈대떡이었던가? 이건 더 싫다!―둥그런 모양으로 익혀낸다는 것 빼고는 닮은 점이라곤 전혀 없는 두 음식을, 그저 그럴듯한 예를 만들기 위해 계속 엮어대는 것이 마음에 안 들었기 때문이다. 아니, 비주얼만 봐도 어딜 봐서 피자가 부침개와 치환

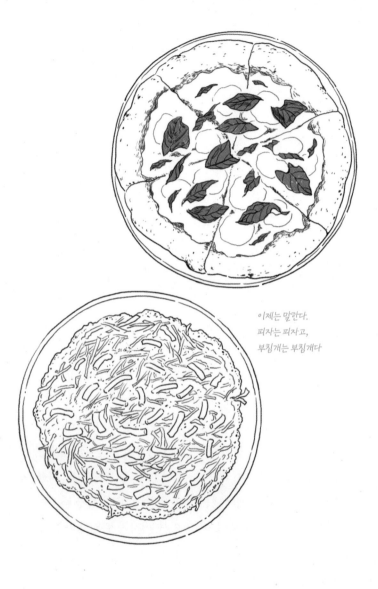

이제는 말한다.
피자는 피자고,
부침개는 부침개다

철학이라는 이름

될 수 있는 음식이냔 말이다. 피자는 피자고, 부침개는 부침개지.

어느 쪽이 더 낫다는 말을 하는 것이 아니다. 그저 두 음식은 동일 선상에 놓일 수 없는 전혀 별개의 음식이라는 이야기다. 피자를 부침개로 대신한다거나 부침개를 한국식 피자로 부르는 건 개념적으로 거부 반응이 든다. 어찌됐건 교과서에서는 관련 내용이 나올 때마다 항상 이탈리아식 부침개 운운하는 문장이 등장했던 것 같은데 그때마다 학생인 나는 교과서를 아예 안 볼 수도 없고, 속으로 짜증을 삭힐 수밖에 없었다.

그런데 사실 철학에서도 피자가 '이탈리아식 부침개' 취급을 받는 것과 유사한 상황이 벌어지고 있다! 그것도 무려 '철학'이라는 이름 그 자체와 관련해서 그렇다. 흔히 우리는 철학을 서양 철학과 동양 철학으로 나누어서 구분하곤 한다. 서양 철학 하면 플라톤이고, 동양 철학 하면 공자가 나오듯이. 서양 철학을 '철학'이라고 칭하는 건 괜찮다. 피자를 '피자'라고 제대로 불러주는 것과 같은 일이다. 그런데 동양 철학을 '철학'이라는 이름으로 함께 총칭하는 것은 그렇지가 않다. 이건 피자를 '이탈리아 부침개'라고 말하는 격이다. 아니면 부침개를 가리키며 "이것이 한국의 피자입니다"라고 소개하는 격이랄까. 동양 철학으로서는 억울한 일이다.—이렇게 말하는 지금도 어쩔 수 없이 동양 '철학'이라고 부르고 있지만 말이다.— 왜 이런 일이 벌어진 것인지를 알기 위해선 옛날, 아주 옛날로 거슬러 올라가야 한다.

철학이라는 이름

"이건 서양식 격물궁리지학입니다"

동양의 학문이라 하면 모름지기 유학儒學이다. 이 유학이 송명시대에 들어와 성명性命과 이기理氣의 관계에 집중해 정리되면서 성리학性理學으로 발전했다. 성리학은 보통 주자학朱子學이라는 이름으로도 불리는데, 이는 성리학의 뼈대를 세우는 데에 한 획을 그은 사람이 바로 주자, 즉 주희朱熹인 까닭이다. 정리하자면 유학으로부터 뻗어 나온 가지가 성리학인 것이고, 그 성리학을 다른 말로 주자학이라고도 부른다.

아무튼 주자학이라는 학문이 동양의 대표적인 학문으로 굳건히 버티고 있을 시기에 그전까지는 볼 수 없던 새로운 학문이 서양에서 들어왔다. 전래 경로는 그 당시 역사에서 여기저기 등장하는 서양의 선교사들이었다. 16세기경 이들을 통해 처음으로 서양의 필로소피아 Philosophia(보통 우리가 플라톤, 흄, 데카르트 등을 떠올리는 학문)가 처음으로 소개되었다.

바다 건너온 새로운 학문이라니! 일단 이름은 원어를 그대로 따라 '페이루쑤페이야費祿蘇非亞'라고 불렀다. '필로소피아'를 한자의 뜻과는 상관없이 음만 비슷하게 따온 가차자假借字(어떤 뜻을 가진 한자가 없을 때 뜻은 다르나 음이 같은 글자를 빌려 쓴 문자)다. 그런데 이렇게 '페이루쑤페이야'라고 부르는 것만으로는 이 학문이 당최 어떤 학문인지 한번에 이해가 되지 않는다는 단점이 있었다. '수학數學' 같은 경우에는 이름에서부터 벌써 수를 다루는 학문이라는 게 한눈에 딱 보이는데, 이건 그저 소리만 따라 한 것뿐이니까 처음 봐서는 영 그 의미를 알 수 없다.

해결책은 이미 동양에 있는 학문 중 필로소피아와 비슷한 학문을 골라 그 이름으로 번역하는 것. 그게 바로 격물궁리格物窮理의 학, 즉 격물궁리학이었다. 격물궁리는 주희가 외부 세계를 탐구할 방법으로 내세운 이론이다. 주자는 외부 세계를 알기 위해서는 사물에 가까이 다가가 그것이 가진 리理(원리)를 파악해야 한다고 말했다. 그런데 이 '리'라는 것은 세상을 관장하는 천리天理로부터 연유한 것이어서, 나 자신을 포함해 온갖 만물이 다 가지고 있는 것이다.

그리하여 리를 깨닫기 위해서는 사물 그 자체가 아니라 오히려 똑같이 리가 깃들어 있는 나의 마음을 살펴보아야 한다고 했다. 여기에서 주자학의 심학心學적 성격이 드러난다. 외부 세계보다 마음에 집중한다는 뜻이다. 그리고 이러한 마음속 리(나의 본성)를 깨닫기 위한 방법으로 말해지는 것은 경전을 공부하는 것으로, 이 때문에 주자학은 경전을 탐구하는 것에 집중하는 경학經學적 사고방식 또한 그 특징으로 갖는다.

이러한 격물궁리학이 서양의 필로소피아와 완전히 똑같은 것은 물론 아니다. 최종 목표가 결국 이 세계를 아는 것이라는 점은 동일하긴 하지만 그 접근 방법 등에서는 확연히 차이가 난다. 그래도 비슷하게 보려면 못 볼 것도 없다. 서양의 필로소피아도 사람의 본성을 탐구하는 윤리학을 그 부분으로 가지고 있고, 버클리George Berkeley처럼 우리가 지각한다고 생각하는 외부 사물은 결국 나의 마음 안에 있는 것이라고 주장한 철학자도 있지 않은가. 어쨌거나 서양의 필로소피아와 성리학의 격물궁리학은 학문으로서의 목표가 같고 그 외에도 비슷한 점이 여럿 있었던 연유로, 18세기까지 필로소피아는 '격물궁리학'이라는 이름으로 번역되어 통용되게 되었다.

번역어에 변화가 생긴 것은 19세기 들어서부터였다. 서양에서 학문을 통틀어 칭하던 필로소피아로부터 객관적 지식에 초점을 맞추는 사이언스science가 따로 떨어져 나간 것처럼, 동양에서도 점차 유학을 바탕으로 하던 기존의 학문 체계에서 객관 지식을 탐구하는 분야를 구별하고자 하는 움직임이 대두되었다. 격물궁리학은 객관 지식 뿐만아니라 인간의 본성 그리고 도덕적인 측면까지 전부 통합하여 다루는 학문이었기 때문이다.

이런 상황에서 일본의 니시 아마네는 철학哲學 그리고 과학科學이라는 신조어를 만들어낸다. 그리고 필로소피를 '철학'으로, 사이언스를 '과학'으로 번역할 것을 제안한다. 이 중 철학의 경우, 초기에는 '분명하게 밝힘을 바란다'는 뜻의 '희철학希哲學'이었으나 이후에 '희' 자가 빠지면서 '철학'으로 정착되었다. 이러한 신조어는 당시의 시대적 요구와 일본이 서양 문물을 적극적으로 받아들이며 동양에서 학문적 주도권을 잡기 시작한 것과 맞물려 금세 널리 쓰이게 되었다.

그리고 현재 철학, 과학이라는 신조어들은 누군가가 발명해낸 것이라고는 생각지 못할 만큼 존재감이 커졌다. 심지어 서양의 필로소피의 번역어였던 '철학'은 이제 동양의 학문을 칭하는 말로도 사용되고 있다. '동양 철학'으로 말이다. 처음에는 '격물궁리학'이라는 이름으로 서양의 필로소피아와 동양의 성리학을 묶어서 부르다가 필로소피아의 번역어로 '철학'이 등장한 것이었는데, 이제는 그 '철학'이 서양의 필로소피아뿐만이 아닌 동양의 격물궁리학까지 지칭하게 되어버렸다.

그러나 앞서 말했다시피 서양의 필로소피아와 동양의 유교 전통의 성리학은 같은 단어로 칭하기에는 다른 점이 많다. 무엇보다 서양의 필로소피아가 전통적으로 신의 존재에 대해 탐구해왔던 것과는 다르게 동양의 유학은 신에 대해 별 관심이 없었다! 유학의 관심은 내세나 신이 아닌, 현세를 어떻게 잘살 것이냐에 있기 때문이다.

이렇게 '철학'이라는 동일한 이름으로 서양의 필로소피아와 동양의 성리학, 내지는 유교 전통에 뿌리를 두고 있는 다양한 학문을 부르는 것은 사실 공평한 일은 아니다. 두 학문은 서로 다른 점이 너무 많아서, 대등하게 치환될 수 있는 것이 아니니까 말이다. 더구나 철학의 기준이 서양 철학으로 세팅되어 있는 상황에서 열심히 서양 철학을 공부하다가 어쩌다 동양 철학 수업을 듣게 되면 뭔가 이상한 느낌이 드는 것이 사실이다. 서양의 필로소피를 철학의 기준으로 놓고 보면 동양 철학이라고 불리는 학문은 철학이라는 기준에 미달하는 것처럼 느껴지기 때문이다. 그래서 "이걸 철학이라고 부를 수 있나?" 하는 의문부터 시작해 "동양 철학은 서양 철학보다 열등한가?" 하는 오해를 하기 십상이다. 하지만 이런 오해는 두 학문이 애초에 동일한 학문이 아니었다는 점을 간과한 것이다. 어쩌다 보니 비슷한 점이 있어서 같은 이름으로 통칭하곤 했던 것이지, 동일 선상에 두고 비교할 수 있는 관계는 아니다.

피자를 이탈리아식 부침개라고 부르면서 한국의 부침개를 기준으로 평가하는 건 의미가 없을 것이다. 왜 이 부침개는 모양이 이상하게 생겼냐고, 들어간 재료도 부침개와는 다르다고 따지며 피자를 열등한 부침개라고 결론 짓는다면 우스운 일이다. 애초에 부침개로 커버 가능한 영역과 피자가 커버하는 영역이 다르다. 두 영역이 일부 겹치는 부분이 있을 수는 있지만 어디까지나 일부일 뿐 1:1 호환이 가능한 수준까지는 아니다.

피자는 피자 나름의 맛이 있고, 부침개는 부침개만이 가지는 매력이 있다. 만두가 너무너무 먹고 싶을 때 만두 대신 딤섬을 먹는다면 그 나름대로 만두를 향한 욕구를 잠재울 수 있을 것이다. 하지만 부침개가 먹고 싶어 죽겠다는 사람에게 피자를 시켜준들 그것으로 부침개에 대한 열망이 해소될 리는 없다. 오히려 속 느끼하게 뭔 짓이냐고 구박만 받을 뿐이지.

그래서 동양 철학을 공부하기 전에는 우리가 동양 철학이라고 부르는 학문이 사실 철학―더 정확히 말해 서양 철학―을 가리킬 때 쓰는 것과 동일한 의미에서 철학과는 사뭇 다른 학문이라는 것을 염두에 둘 필요가 있다. 그렇지 않으면 기대와 어긋나거나 잘못된 평가를 하고 말아, 그렇지 않아도 억울할 동양 철학을 한 번 더 슬프게 하는 일이 될 테니 말이다. 피자집에 가서 부침개를 찾을 수 없듯, 동양 철학으로부터 찾고자 하는 대답도, 동양 철학을 받아들이는 자세도 서양 철학에게 그랬던 것과는 달라져야 한다. 그래야 각각의 학문이 가진 맛과 매력을 보다 잘 음미할 수 있을 것이다.

07

반전 있는 남자, 공자

오해받은 건 짜장면만이 아니다

예전에 텔레비전에서 이연복 요리사가 중국 현지로 가서 한국의 짜장면을 만들어 파는 방송을 본 적이 있었다. 짜장면은 중화요리의 대표적인 메뉴이지만 사실 중국 본토에는 없는 음식이라는 사실은 이제 상식이 된 듯하다. 중국의 '자장몐zha jiang mian' 내지는 '작장면炸醬面'이 한국으로 건너오며 겉보기도 맛도 확 바뀌어 짜장면이 되었다.

처음 맛보는 '한국 음식' 짜장면을 너무나 맛있게 먹는 중국 사람들을 보면서 역시 짜장면은 맛있다며 공감하는 찰나, 떠오르는 인물이 있었다. 이 사람의 고향 또한 중국인 데다가, 짜장면이 중화요릿집 부동의 인기 메뉴인 것처럼 중국 사상사에서 절대적인 위상을 차지하고 있는 인물, 바로 공자다.

동양 철학 수업에 처음 들어간 날, 우리가 첫 번째로 다룰 인물은 공자였다. 그때 강의실에 앉아 있던 내 모습은 무척이나 삐딱했을 것이다. 당시의 나는 공자에게 큰 반감을 가지고 있었기 때문이다. 이전에 공자를 공부해봤던 것은 아니었다. 그 수업은 동양 철학 입문 수업이었고, 나는 동양 철학의 'ㄷ' 자도 접해본 적 없는 초심자였다. 다만 나는 공자라는 이름만 들어도, 흔히 "공자 왈 맹자 왈"로 시작되는 꽉 막힌 유교 사회의 질서가 연상되어 생리적인 거부감을 느꼈던 것이다. 아무리 동양 철학에 문외한이라도 그 '옛날 질서'의 창시자쯤 되는 사람이 공자라는 것 정도는 어디에선가 주워들은 기억이 있으니까. 그리고 그 질서가 종종 무척이나 고리타분하게 느껴졌으니까 말이다.

어쨌거나 나는 꼰대 중에서도 보스급 꼰대를 배우게 생겼다고 생각하면서 강의실에 앉아 있었다. 그렇게 삐딱하게 시작했는데, 본격적으로 수업이 시작하고 난 후 나는 깜짝 놀랐다. 수업에서 알게 된 '진짜 공자'에게서 내가 알고 있던 공자의 모습은 코빼기도 보이지 않았기 때문이다. 위계질서를 강조하며 그럴듯한 말만 하는 꼰대의 모습은 눈을 씻고 봐도 찾아볼 수 없었고, 그저 말 한마디. 행동 하나가 모두 멋지다고 진심 어린 감탄을 불러일으키는 개혁가가 있었다. 의외의 매력을 발견할 때 그 사람에게 더 빠져들게 되는 건 나만 그런가? 괜히 몇천 년 동안 위인으로 추앙받은 게 아니구나 하고 납득이 갔다. 수업이 끝난 후 내가 공자의 '짱팬'이 되어 있었다는 건 말할 것도 없다.

내가 알던 공자와 진짜 공자. 그 둘이 뭐가 그렇게 달랐느냐하면, 그는 꼰대가 아니었다. 그를 감히 '꼰대'라는 단어를 사용해 연상했던 지난날이 죄스러워질 정도로, 공자는 오히려 꼰대 사회를 타파하기 위해서 모든 노력을 기울였던 사람이었다. 우선 유교 사회의 병폐를 낳았다고 손가락질받는, 엄격한 위계질서가 공자 때문이라는 것에 대해서 이야기해보자.

공자는 확실히 질서를 중요시했다. 그도 그럴 것이 공자가 등장하기 시작한 당시의 중국은 전쟁과 하극상이 난무하는 춘추전국시대였기 때문이다. 기존의 체제는 붕괴

되고 이를 대신할 새로운 질서는 건립되지 않은 채 나날이 혼란만 가중되고 있었다. 그런 상황에서 당시의 혼란을 잠재우기 위한 다양한 주장, 즉 다양한 학파가 출현했는데 그중 하나가 바로 유가儒家였다.

'유가'란 공자와 그의 가르침을 받는 문하생들을 가리키는 말이다. 그리고 유가의 학문을 일컬어 유학儒學이라 부른다. 유학에 대해 이야기할 때 빼놓을 수가 없는 것으로 《논어論語》가 있는데 이것은 공자의 가르침을 모아놓은 책이다. 하지만 공자가 직접 저술한 것은 아니고, 공자의 사후에 그의 제자들이 공자의 생전 가르침을 모아서 펴낸 것이다.

현재 우리가 알고 있듯 나이의 많고 적음 또는 군주와 신하처럼 사회적인 지위에 따른 수직 관계를 강조하는 유교 사회의 질서를 생각하면 아랫사람은 윗사람에게 맹목적으로 복종해야 한다는 공자의 말이 《논어》속에 쓰여 있는 것이 아닌가 하는 의심이 든다. 결론부터 말하자면 공자가 군주는 군주답고 신하는 신하다워야 한다君君臣臣父父子子고 주창하며 사회의 질서를 바로 세워야 한다고 말한 것은 사실이다. 하지만 이것은 "모름지기 신하는 무슨

일이 있어도 군주를 충성을 다하여 섬겨야 한다"는 뜻이
아니다. 공자가 분석하기에, 당시와 같은 춘추전국시대의
혼란은 각각의 사람들이 자신의 지위를 자의적으로 행사
한 것으로부터 야기되었다. 그래서 공자는 질서를 바로잡
으려면 이와 같은 자의적인 권력 행사를 방지할 수 있도록
모두가 합의할 수 있는 개념을 먼저 정립해야 한다고 생각
했다.

공자의 이러한 사상을 정명正名 사상이라고 한다. 글자
그대로 '이름을 바르게 한다'는 의미다. 군주는 과연 어떻
게 처신해야 군주다운 것인지 또 신하는 어떻게 해야 신하
다운 것인지에 대해 일단 먼저 사회가 합의하여 개념을 세
우고, 그렇게 정립된 개념에 따라 행동하면 혼란이 수습될
거라는 뜻이었다.

그러므로 사회에서 합의되지 않은 질서는 효력이 없다.
'내가 해봐서 아는데' 운운하며 자신의 권력을 앞세워 아랫
사람을 마음대로 부려도 된다는 생각은 공자의 사상에 정
면으로 반하는 태도다. 권력자라면 마땅히 올바른 권력자
로서의 모습을 따라 행동해야 한다. 그리고 그렇지 못한 경
우에는 아랫사람에게도 그러한 윗사람을 따라야 할 의무가
부과될 수 없다. 신하가 신하답게 군주를 섬기고, 자식이 자

식답게 부모를 섬겨야 하는 것은 어디까지나 군주가 군주답고, 부모는 부모답다는 조건이 전제되어 있는 것이다.

이로부터 눈치챌 수 있다시피 공자가 주장하는 질서란 단순히 외부적으로 주어진 질서를 맹목적으로 따르는 것과는 거리가 멀다. 공자의 사상에서 누누이 강조되는 것은 바로 주체성. 공자는 공동체가 함께 합의해 질서를 세우고, 그렇게 합의된 질서에 개개인이 주체적으로 따르는 것을 원했다. 질서를 잘 지킨다는 말은 적어도 공자의 관점에서는 수동적인 것과는 거리가 멀었다.

개념을 합의함으로써 공동체 내에서 세워진 질서 또는 사회적인 규범을 유학에서는 예禮라고 부른다. 주어진 상황에서 어떤 질서를 세워야 가장 적절할지는 때에 따라 달라질 것이므로 예는 사회적인 조건에 따라, 역사적인 상황에 따라 변화할 수 있다. 그러므로 옛날부터 그렇게 해왔으니까 잔말 말고 따라야 한다는 식의 사회는 결코 예에 합치하는 것이 아니다. 오히려 이런 사회를 공자가 보았다면 그런 꼰대 짓은 그만두라고 만류했을 것이 분명하다.

무엇보다 공자는 가만히 앉아서 이렇게 해야 옳다느니 저렇게 해야 옳다느니 하며 말로만 열심히 떠들었던 사람이 아니다. 그는 자신이 그리는 사회의 모습을 실현하기 위해서 직접 발로 뛰어다닌 개혁가에 가깝다. 공자는 자신이 생각하는 사회의 질서를 실현하기 위해서는 이미 정치에 몸담은 이들을 설득하는 편이 가장 효율적일 것으로 생각했다. 그래서 여러 지방의 정치가들을 만나고 다니며 그들에게 자신의 사상을 들려주고, 그들로 하여금 자신의 정치 사상을 실천하게 만드는 것이 공자의 계획이었다. 그는 직접 정치에 몸담을 기회가 주어지면 이 또한 마다하지 않았다. 안타깝게도 자신의 뜻을 제대로 이루지 못한 채 벼슬에서 물러나게 되었기에 그 결과가 그리 성공적이진 않았지만 말이다.

반전 있는 남자, 공자

공자가 사람들이 주체적으로 질서를 세우고 또 따를 수 있다고 생각한 것은 사람이라면 누구든지 도덕적인 본성을 타고났다고 믿었기 때문이다. 공자는 이러한 본성을 덕德이라고 불렀다. 덕은 남녀노소, 빈부귀천을 막론하고 동등하게 가지고 태어나기 때문에 인간이라면 누구든지 스스로의 본성에 따라 도덕적인 행동을 할 수 있는 가능성이 있다는 것이 공자의 생각이었다.

하지만 그 가능성이 진짜로 실현되기 위해서는 타고난 덕을 갈고닦는 후천적인 노력이 필요하다고 공자는 보았다. 공자는 그래서 교육에 집중했다. 그가 선생으로서 많은 제자를 두고 가르친 것은 자기 학파의 세력을 확장하려는 목적이 아니라, 더 많은 이들이 타고난 덕을 실현할 수 있도록 돕고자 했던 까닭이다. 덕이 인간의 타고난 본성이고, 후천적인 노력으로 그 덕을 발달시킬 수 있다면 한 사람이 얼마나 도덕적으로 훌륭할 수 있는지는 신분과 상관없어진다. 이를 근거로 공자는 세습에 반대하며 신분에 얽매이지 않는 공평한 방법으로 인재를 등용할 것 또한 주장하게 되었다.

그런데 이 도덕이라는 걸 가만히 생각해보면 내가 암만 갈고 닦아봤자 이 세상에 나 혼자만 있다면 별 쓸모가 없다는 걸 알 수 있다. 혼자서는 그냥 내가 하고 싶은 대로 하면 그만이다. 따라서 도덕이란 개인 차원이 아니라 사람들과의 관계 속에서 이루어진다고 할 수 있다. 주체적인 도덕에 초점을 맞춘 공자의 학문적 탐구는 그래서 자연스레 도덕이 실현되는 인간들 사이의 관계에 대한 탐구로 이어지게 되었다. 유학의 핵심 주제는 내세도, 신도 아닌 '현실에서 어떻게 함께 잘 살아갈 것인가'로 설정된다.

여기서 나는 또 깜짝 놀랐다. 매년 명절, 제사로 인해 집안에서 시끄러운 토론이 벌어질 때마다 그 원흉이 유교에 있다고 생각해온 전적이 있어서 그런지, 유학에서는 현세의 삶을 크게 신경 쓰지 않을 것만 같았기 때문이다. 오히려 조상의 영혼이라던가 사후 세계에 더 관심이 많을 줄 알았다.

이런 놀라움이 채 가시기도 전에 확인 차 못을 박듯이 공자는 제사에 대해 한마디를 던진다. 공자 왈, 제사의 초점은 실제로 조상들의 영혼이 왔다 간다고 여기며 그들을 기리는 데에 있는 게 아니란다. 제사는 오히려 현재를 사는 사람들 사이의 사회적인 일이 되어야 그 순기능이 발휘된다고 한다. 그러므로 현세의 삶을 궁핍하게 살아가면서─공자의 말에 따르면─'귀신'들을 위해 성대하게 제사상을 차리는 건 전혀 바람직하지 않은 일이다. 그건 그저 허례허식에 불과하다.

공자에게 또 한 번 미안해진다. 나는 공자를 매년 자신에게 성대한 제사상을 올려줬으면 하고 바랄 것 같은 이미지로 생각하고 있었는데, 알고 보니 쓸데없이 거창한 제사상을 질색하는 사람이었다니. 그에 관해 가지고 있었던 선입관 중에 맞는 것이라곤 하나도 없다.

내가 공자에 관해 반감을 가지고 있었던 또 다른 이유는 공자가 언제나 개인적인 감정보다 사회적인 규범을 우선시할 거라고 여긴 탓도 있다. 그런데 이게 웬일이람. 공자는 도덕을 제대로(주체적으로) 실천하고 싶다면 가장 먼저 나 자신의 감정부터 먼저 살펴보라고 이야기한다. 나는 개인적으로 이 부분이 공자의 사상에 있어서 가장 놀라웠고 또 가장 마음에 들었다.

나에게 있어 짜장면이란 배달을 시켜 먹지 않으면 어딘지 영 기분이 나지 않는 음식이다. 직접 홀에 가서 먹는 짜장면은 배달 짜장면과는 뭔가 카테고리가 다른 느낌이랄까. 아무튼 짜장면을 시킨다면 함께 먹을 탕수육은 필수다. 군만두는 없어도 무방하지만 있으면 두 배로 기뻐진다. 나는 '부먹'이기 때문에 일단 탕수육에 소스부터 붓는다. 그러곤 짜장면을 비벼 몇 젓가락 먹다가 중간중간 탕수육을 집어먹는다. 탕수육을 다 먹어갈 즈음엔 마지막으로 남아 있던 군만두를 슬쩍 탕수육 소스에 찍어 먹는 것이 내가 거의 정석처럼 지키는 짜장면 먹는 방법이다.

그런데 만약 '찍먹'인 친구와 함께 짜장면을 배달시켰다고 생각해보라. 이런 경우 사회의 규범상(?) 내 멋대로 소스를 탕수육에 부어버릴 순 없다. 소스는 한 번 부으면 되돌릴 수 없으니 찍먹파를 존중해 일단 소스와 탕수육은 따로따로 두고, 내가 부먹으로 먹고 싶은 만큼 따로 덜어서 소스를 붓던지 해야 한다. 먹고 싶다면 따로 덜어서 소스를 부어야 한다.

여기서 내가 "찍먹이랑 부먹이 같이 있으면 으레 이렇게 하는 거지"라는 생각으로 앞과 같은 행동을 한다면 나는 도덕의 주체로서 탈락이다. 이건 그저 주어진 규범을 수동적으로 따르는 것일 테니 말이다. 그런데 내가 찍먹

언제나 옳은 짜장면, 탕수육, 군만두세트

친구를 존중하는 마음 하나만으로 앞과 같은 행동을 했다
고 해도 공자는 나에게 탈락이라고 말할 것이다. 타인을
존중해주는 것은 물론 도덕적인 행동에 있어 중요하지만,
타인의 감정만을 고려한 채 '나의 감정'을 잊어버리면 안
되기 때문이다.

반전 있는 남자, 공자

공자는 우선 내가 마주한 상황에서 나는 과연 어떤 기분과 감정을 느끼는지를 들여다봐야 한다고 말한다. 자, 나는 뼛속까지 부먹파이니 탕수육이란 자고로 소스를 붓지 않으면 제대로 맛이 나지 않는다고 생각한다. 그래서 나는 무조건 부어 먹고 싶다. 이렇게 내 감정을 일단 직면하는 과정을 가리켜 직直이라고 한다. 결국 '직'하는 과정을 통해 나의 원초적인 욕구와 더불어 내 안에 내재하고 있는 덕 또한 지각할 수 있다고 공자는 설명한다.

이렇게 내가 덕을 가진 존재라는 것을 지각하고 나면 내 앞에 앉아 있는 나와 똑같은 인간인 저 찍먹 친구도—인간인 이상—나처럼 욕구하는 존재이며 덕을 타고난 존재라는 것을 깨닫게 된다. 내가 어떤 것을 욕구할 때, 그 구체적인 형태는 다를지라도 친구도 욕구하는 마음은 똑같이 가지고 있을 것이다. 게다가 나와 동일하게 덕이라는 본성의 소유자이니, 도덕적 주체로서 존중받아 마땅하다. 그러니 내가 그의 욕구를 무시하고 마음대로 소스를 부어버린다면 그는 얼마나 속상하겠으며 또 얼마나 부당한 일이겠는가. 그래서 탕수육을 먹기 전에 상대방에게 묻는 것이다.

"소스 어떻게 할래?" 결국 서로 합의하에 두 사람이 가장 만족스럽게 먹을 수 있을 방법을 찾아 반은 붓고 반은 찍먹을 위해 남겨 둔다. 우선 나의 감정을 마주하고 그 상황에서 어떻게 타고난 덕을 실현할지 고민해 행동하는 것. 이거라면 공자도 대만족이다.

공자는 나의 원초적인 감정을 전부 인정해버리라고도, 내 감정은 깡그리 무시한 채 도덕적인 행동만을 좇으라고도 하지 않는다. 다만 내 감정과 덕의 실현 그 사이의 합의점을 찾으라고 말한다. 우리가 사회적인 예절과 규범을 배우는 건 그 합의점을 보다 쉽게 찾을 수 있도록 하기 위해서다. 배우고서 '생각'하지 않은 채 수동적으로 규칙만 따르면 그것은 진정한 도덕이 아니라 그저 도덕적 허위의식에 불과하다. 내 감정도 직시하고 인의 실천 방법도 찾아보지만 정작 사회적으로 통용되는 행동이 무엇인지 모르면 그건 또 그것대로 위태롭다. 무조건 나를 기준으로 옳음을 정하게 될 수도 있으니 말이다. 사회의 질서와 규범을 익히되 자신의 감정을 살피는 것을 잊지 않는 일, 그것은 다른 누구에 의해서가 아니라 스스로 도덕적인 행위를 했다고 말할 수 있기 위한 필수 조건이다.

반전 있는 남자, 공자

우리가 먹는 짜장면이 정작 중국에는 없는 것
이라는 사실을 깨닫고 놀란 적이 있다. 그때까지만 해도
짜장면이 '중화요리'라는 이름을 달고 있었기에, 한국에서
파는 짜장면이 중국 현지에는 없는 음식이라는 사실이 곧
잘 화제가 되곤 했었다. 하지만 요즘엔 짜장면이 현지화를
너무 잘 거쳐서 한국 특유의 음식이 되어버렸다는 건 상식
이 되어버린 듯하다. 이제 더 이상 아무도 짜장면을 오해
하지 않는다.

짜장면의 원형이라는 중국의 작장면은 지방마다 차이

가 있다고 한다. 그렇다고 하더라도, 기본적으로 작장면의 소스는 마치 미트소스 스파게티와 비슷한 느낌이다. 한국식 짜장면이 넉넉한 양의 걸쭉한 춘장 소스에 면을 비벼 먹는 것이 포인트라면, 중국식 작장면은 소스의 비율이 현저히 적다. 되직한 양념을 다진 고기 등과 함께 볶은 뒤에 추가적인 고명을 곁들여 면 위에 올려서 먹는다. 게다가 한국의 짜장면은 춘장을 사용해서 달콤한 맛이 두드러지는 반면, 황두장을 사용해 만들어진 작장면은 단맛 대신 짭짤한 맛이 지배적이다.

분명 시작은 작장면에서 유래를 했다고는 하는데 맛이며 모양이며 한국의 짜장면은 작장면과는 사뭇 다른 게 사실이다. 원형은 중국에서 왔을지라도 지금은 '짜장면'이라는 별개의 요리가 되어 한국 음식이라는 카테고리에 들어가야 더 알맞다. 공자의 경우도 이와 비슷하다. 공자의 사상이 유교 사회가 현재의 모습으로 자리 잡는 데에 원형을 제공하긴 했지만 실제로 알아본 공자의 사상은 그것과 전혀 다르다. 하지만 어쩌겠는가. 이미 오해는 받아버린 상태다. 이제 중요한 건 보다 적극적으로 그 오해를 벗겨내는 것이다.

반전 있는 남자, 공자

공자는 허례허식, 규칙에 대한 맹목적인 순응, 융통성 없이 꽉 막힌 사회질서와는 영 거리가 먼 사람인데, 어쩌다가 그렇게 허무맹랑한 오해를 받게 되었을까 의문이 들었다. 듣기로는 그 시작은 한무제(한나라 황제)로서, 그는 자신의 전제 정치를 정당화하기 위해 유교를 이용했다고 한다. 정명이니 뭐니 하는 건 쏙 빼버리고, 신하라면 무조건 군주에게 충성해야 한다는 게 공자님 말씀이라고 전했던 것이다.

이후에도 여러 정치가들이 공자의 가르침을 전혀 다른 맥락에 끼워 넣어 그의 사상을 조작하거나 공자가 하지도 않은 말을 만들어냄으로써 크고 작은 왜곡이 일어났다. 그 결과 지금 사람들이 일반적으로 알고 있는 공자는 맥락을 불문하고 일단 주어진 사회의 규범을 최우선으로 따르기를 권장하며, 의례를 중요시하고, 주로 책상에 앉아 글만 읊는 모습의 인물로 변질되었다.

공자의 글은 몇천 년 후에 읽어 봐도 대단하다고 느껴질 정도이니, 그 당시의 영향력은 더 어마어마했을 것이다. 그래서 공자를 따르는 이들도 많았지만, 그만큼 그의 사상을 곡해하는 사람도 있었고, 의도하지 않았어도 잘못 이해한 사람들이 많이 나왔던 것 같다.

자신의 사리사욕을 채우고 싶었던 권력자들이 공자의 사상을 이용한 것뿐만 아니라, 공자의 가르침을 배우고 그를 따른다고 자평하는 후세의 유학자들 또한 공자의 생애를 조작하는 행동을 보였으니 말이다. 그들은 자신들이 섬기는 공자가 대단한 직위에 오르지 못했고 정치적으로 출세한 인물이 아니었다는 사실을 숨기고자 거짓으로 공자의 전기를 써 내려갔다.

공자가 직접 가르쳤던 제자들조차도 예외는 아니다. 허례허식을 비판한 공자의 가르침을 배우고도 잊어버렸는지 아니면 알면서도 스승을 안쓰럽게 여기는 마음에 모른 척한 것인지, 살아생전 높은 직위에 오르지 못한 공자를 위로한답시고 마치 군왕을 모시는 듯한 복장을 한 채 그의 장례를 치르고자 한 일도 있다.

공자는 인간이라면 모두 덕을 지녔고 그에 따라 인을 실천할 수 있다고 주장했다. 이러한 공자의 사상이 사람들의 사리사욕으로 인해 원래의 형태가 잊힐 만큼 왜곡되어 버렸다는 건, 덕을 지니고 있는 인간이 너무나 적다는 것을 보여주는 것 같다.

반전 있는 남자, 공자

인간으로서 마땅히 덕에 합치하는 행동을 해야 한다는 것을 배웠을 유자儒子들마저도 공자의 믿음을 져버린 것 같아 더 씁쓸해지고 만다. 만약 공자가 무덤에서 잠시 나와 이런 모습을 보게 된다면 과연 덕에 대한 그의 믿음을 지킬 수 있을지 조금 궁금해진다.

진짜 버터 찾기가 하늘의 별 따기

냉장고에 상비해두면 언제든 유용하게 쓸 수 있는 식품 중 하나가 바로 버터다. 뭔가 맛있는 걸 먹고는 싶은데 가진 재료가 별로 없는 경우라면 더더욱 버터가 유용해진다. 어차피 지방 성분이라는 점에서는 일반적인 요리용 기름과 비슷한 것 같은데, 요리용 기름을 버터로 대신하면 그 결과물은 천양지차다.

웬만해선 야채가 떨어지지 않는 우리 집 냉장고에 양파와 시들시들한 양송이 한 팩만이 남아 있던 날. 이 소박하기 그지없는 재료를 팬에 털어놓고 나는 버터를 꺼냈다. 팬 위에서 차르륵 녹아든 버터가 야채들과 함께 그을리기 시작하면 이미 냄새로 알 수 있다. 이건 절대 맛있을 수밖에 없다고. 이다음에는 밥을 투하하든 면을 투하하든 다 괜찮다. 어차피 버터의 풍미가 다 했기 때문이다.

빵을 자주 먹는다면 버터는 특히나 없어서는 안 될 품목이다. 빵에 잼을 발라 먹을 때 버터와 함께 발라 먹으면 잼만 발랐을 때보다 1.5배는 더 맛있고, 설령 잼이 없더라도 갓 구운 빵 위에 버터를 올리면 빵이 끝없이 들어가는 신기한 경험을 할 수 있다. 한동안 거의 매일같이 호밀빵을 사가는 나를 보며 빵집 사장님이 대체 호밀빵을 뭐랑 같이 먹느냐고 물은 적이 있다. 그때도 나의 대답은 버터였다. 향기로운 우유 냄새가 입안 가득 퍼지는 게 좋아서 빵 위에 버터를 두툼하게도 올려 먹었다. 솔직히 말하자면 빵 없이 버터만 우적우적 씹어 먹어본 적도 있는데, 그리 나쁘지 않았다.

아무튼 이렇게 일당백을 하는 버터인데, 예상치 못하게 똑 떨어지면 정말 곤란하다. 평소에는 치즈를 사며 함께 온라인으로 주문해두지만 가끔은 냉장고 속 재료의 재고 파악에 혼선이 빚어지는 경우도 있는 법이다. 그럴 때는 어쩔 수 없이 집 근처 마트로 달려갈 수밖에 없다. (결코 안

가공 버터와 데카르트

동일한 제조사에서 가공 버터와 천연 버터
두 가지 제품이 모두 나오기도 한다

먹고 넘어가진 않는다.) 그런데 얼마 전 마트의 유제품 코너
에 갔다가, 시중에 버터라는 이름을 달고 나와 있는 제품
중 '진짜' 버터를 찾기가 너무 어렵다는 사실에 놀랐다. 열
제품이 진열되어 있었다고 치면 그중 아홉 개가 진짜 버터
로 위장한 가짜 버터였다. 다 똑같아 보이는 버터 사이에
서 진짜와 가짜를 구별하다니 대체 무슨 소리냐고? 진열
되어 있는 버터들 중 한 제품을 골라 가까이 살펴보는 순
간 궁금증은 풀린다.

만약 버터의 한쪽 면에 작게 '가공 버터'라고 쓰여 있다
면 그건 우리가 흔히 우유 100%로 만든다고 생각하는 '진

짜' 버터가 아니다. 유지방 함량을 줄이고 그만큼 식물성 유지를 대신 채워 넣은 것을 가공 버터라고 부른다. 아마 포장지에서 '식물성'이라는 단어도 볼 수 있을 것이다. 우유로부터 나오는 동물성 유지방으로만 만들어지는 제품이 천연 버터라면, 가공 버터에는 식물성 유지 외에도 감미료 등 이런저런 첨가물이 더 추가되기도 한다.

문제는 이런 가공 버터는 암만 커다랗게 한 입 베어 물어도 풀밭에서 뛰노는 젖소들의 모습이 눈앞에 펼쳐지지 않는다는 것이다. 원유 대신 식물성 기름을 포함하고 있으니 싱그러운 우유 향도 잘 나지 않는다. 맛있으면 칼로리가 높아도 용서가 되지만, 기름맛을 느끼겠다고 굳이 고칼로리의 버터를 사는 건 아니다. 그래서 나는 직접 버터를 고르게 되면 반드시 포장지를 꼼꼼히 살펴본다. 버터 포장지에 표시된 제품 유형이 별다른 문구 없이 '버터'라고만 되어 있다면 성공이다. 그건 우유로만 만든 '진짜' 버터다.

데카르트가 살던 시대에도 가공 버터가 존재
했었다면, 아마 그는 《성찰》에서 장을 보러 갔다가 자신
의 현존Existence을 확신한 경험을 얘기하지 않았을까 하
고 생각한다. 많은 사람들이 데카르트의 "나는 생각한다,
그러므로 나는 존재한다"라는 논증에 대해서 한 번쯤 들
어봤을 것이다. 라틴어로 표기하면 Cogito Ergo Sum.
Cogito는 '생각하다'는 뜻의 Cogitare의 1인칭 형태이
고, Ergo는 '그러므로, 따라서'에 해당하는 전치사, 그리고
Sum은 영어로 치면 'to be'에 해당하는 존재인 Esse의 1
인칭 형태다.

내가 생각한다는 것과 내가 존재한다는 것 사이가 왜 '그러므로'라는 말로 이어지는 걸까? 왜 내가 생각한다는 사실이 내 존재를 보장해준다는 것인지? 데카르트가 이 두 문장을 '그러므로'를 써서 연결한 데에는 그의 상상력이 큰 역할을 했다. 어떤 전지전능한 존재가 못된 마음을 품고 우리를 속이고 있어서 우리가 감각하는 모든 것은 환상에 불과하다는 상상을 해보자. 나는 지금 내 눈앞에 내 손을 흔들어 보일 수 있지만 이건 모두 가짜 영상일 뿐, 알고 보면 나는 실제로 팔도 없고, 다리도 없고, 그저 배양액 속에 잠긴 채 거짓 환상을 주입당하고 있는 뇌뿐이라면? 아니, 나한테 그런 뇌조차 없을 수도 있다. 지금은 일단 모든 걸 다 의심해보기로 하자. 반박의 여지가 전혀 없는 게 아니라면 끝까지 의심해보는 거다.

데카르트가 바로 이런 상상을 했다. 그는 이 세상에 결코 의심할 수 없을 정도로 확실한 것이 있는지 궁금했기 때문이다. 그래서 모든 게 다 진짜가 아닐 수도 있다고 의심해보기로 결정하고 상상의 나래를 펼친 것이다. 그리고 이렇게 의심하면 할수록 내 존재에 관해 확실히 장담할 수 있을 만한 게 없는 것 같다고 느끼던 찰나, 데카르트의 머릿속에 떠오르는 생각이 있었다. 내가 지금 경험하고 있는 모든 것이 환상이고 누군가에게 속임을 당하고 있는 것이라면, 어찌됐건 '그렇게 속임을 당할 나'는 반드시 존재해야 하는 것 아닌가? 내가 속고 있는 것일지도 모른다고 생각하는 나는 반드시 존재할 수밖에 없는 것 아니냐는 것이다. 그래서 데카르트는 외쳤다. 이 모든 걸 의심하고 있는 나, 그렇게 생각하는 나는 그러므로 존재할 수밖에 없다고 말이다.

사실, 전지전능하며 사악한 존재를 가정할 것까지도 없다. 데카르트에 따르면 우리는, 보고 있는 것과는 달리 우리가 아무런 신체도 갖고 있지 않은 상황에서도 즉 외부의 물질적인 모든 것들이 실제로는 존재하지 않을지도 모르는 상황에서도 "나는 신체를 갖고 있지 않다"고 스스로를 납득시킬 수 있다.

내가 나 자신에게 어떤 것을 납득시켰다면, '납득당하는 나'와 '납득시키는 나'가 있어야 한다. 그러니 이 경우에도 나라는 존재는 반드시 있어야 한다는 결론이 나온다. 따라서 우리를 속이는 존재를 상정하든 아니든 내가 존재한다는 사실은 결코 의심할 수 없을 정도로 확실한 참이 된다.

결코 무너지지 않을 토대를 가진 학문을 갈구하던 데카르트는 바로 여기에 닻을 내렸다. 생각하는 나는 반드시 존재할 수밖에 없다고 결론이 나자 데카르트는 이것을 토대로 삼아 그 어떤 의심에도 무너지지 않을 확실한 학문의 체계를 세우고자 했다. 그런데 Cogito Ergo Sum 이후에 데카르트가 무슨 얘기를 했는지 아는 사람은 급격하게 줄어든다. 데카르트가 나는 반드시 존재해야만 한다는 것을 입증하는 데에서 끝났다고 알고 있는 이들도 더러 있고, 나의 존재를 확신할 수 있는 근거는 앞서 말한 악령에게 속고 있다는 가정뿐인가 보다 하고 생각하는 이들도 있다. 하지만 나는 개인적으로 이 뒤에 전개되는 이야기가 '본방'이라고 생각한다.

나야 먹는 거라면 워낙 아낌없는 관심을 기울이니 버터 하나 살 때도 포장지에 나와 있는 성분을 전부 스캔한 후에 사곤 하지만, 만약 최근 몇 년 사이 노안으로 인한 불편함을 적극 호소하고 있는 아빠에게 버터 좀 사다 달라고 부탁했더라면 어땠을까. 유제품 코너에 워낙 가공 버터가 판을 치고 있다는 걸 알았기에 망정이지, 사전에 주의도 주지 않은 채 부탁했더라면 어땠을까. 안 봐도 눈에 선하다. 대놓고 마가린을 사오진 않더라도 의기양양하게 가공 버터를 사들고 오는 아빠의 모습이. 하지만 어쩌면 아빠의 이런 실수가 데카르트의 현존을 이야기하는 이

상황에서 조금은 유용하게 쓰일 수 있을는지도 모른다.

데카르트는 내가 존재할 수밖에 없다는 것을 밝혀낸 이후, 나라는 존재는 그렇다면 과연 어떤 존재인지 묻기 시작한다. 아직 확실한 것은 내가 존재한다는 사실밖에 없기 때문에 데카르트는 자신이 기존에 가지고 있던 믿음들을 매우 신중하게 검토한다. 평소 나라는 존재에 귀속시켜 생각하던 신체는 나에게 진짜로 주어졌다고 확신할 수 없다. 방금 전에 악령에게 속고 있을 수도 있다고 가정하지 않았던가. 그러나 내가 가지고 있는 '생각하는 힘'만큼은 내게 아무리 신체가 없다 한들 변함없이 나에게 속할 수 있는 것이다. 그렇다면 생각하는 능력이야말로 나라는 존재의 본질인 것이다.

이제 확실한 것이 한 가지 더 생겼다. 나는 존재하며, 나는 하나의 생각하는 것 혹은 하나의 **정신**이라는 사실이다. 이때 주의할 점이 하나 있다. 내가 감각하는 것들은(내게 감각되어지는 것들은) 그것이 실제로 존재하는지 의심해볼 수 있는 것들이지만, 나의 감각하는 능력은 나의 생각의 일부이고, 따라서 어떤 경우에도 확실히 내게 속하는 것이다. 내가 상상해낸 것들과 (나의 상상의 산물과) 나의 상상

　　　　　　　　　　　　가공 버터와 데카르트

하는 능력 또한 마찬가지다. 내가 마트에서 버터를 고르고 있을 때, 내 앞에 있는 버터가 전부 환상이더라도 내가 "버터를 보고 있다"고 생각하는 것만큼은 의심할 수 없는 확실한 참이다. 그리고 '그렇게 생각하는 나'의 존재 또한 의심이 불가능해진다.

아빠가 마트에서 버터를 고르고 있다. 이즈니 버터를 사오라고 제품명과 생김새를 정확히 설명했어야 하는데, 안타깝게도 나는 어련히 알아서 잘 사오겠거니 하는 마음에 그냥 '버터'를 사다달라고만 말했을 뿐이다. 내가 원하는 것은 우유 함량 100%의 고소한 진짜 버터. 나는 빨리 빵에 버터를 발라 먹을 생각에 마음이 급해진 나머지 아빠를 재촉한다. 덕분에 아빠는 주의 깊게 들여다보지 않고 대충 버터라고 쓰여 있는, 앞에 놓인 가공 버터를 집었다. 그게 진짜 버터일 거라고 굳게 믿으면서 말이다. 곧 집으로 돌아와 빵을 구워 놓고 기다리는 내가 노발대발하게 되는 건 전혀 예상하지 못한 채.

방금 전 아빠가 마트에서 버터를 고르며 손에 든 제품이 진짜 버터일 거라고 생각했을 때, 아빠는 그 가공 버터를 유심히 뜯어보고, 조각조각 분해하고, 온갖 감각기관을 사용해 마침내 "버터구나" 하고 결론을 내린 것이 아니었다. 그저 앞에 보이는 흐릿한 시야로 대충 미루어보아 "버터로군"이라고 판단했다고 말하는 편이 옳을 것이다. 이건 다시 말해 가공 버터를 감각하고 있으면서도 그것이 진짜 버터라고 **생각**했다는 것과 같다. 즉 가공 버터를 실수로 버터라고 잘못 생각한 그 순간, 그렇게 생각하는 아빠는 필연적으로 존재할 수밖에 없었던 것이다.

가공 버터와 데카르트

이때까지 우리가 찾아낸 의심 불가능하고 백 퍼센트 확실한 것은, '생각하는 나'는 반드시 존재할 수밖에 없고, 생각하는 능력을 내가 확실하게 가지고 있다는 것이다. 이를 가만히 들여다보면 우리가 확신할 수 있는 것은 결국 정신적인 것뿐이라는 인상을 받게 된다. 그렇다면 물질적인 것은 전부 허깨비에 불과한 것일까? 정신적인 것 이외에, 물질적인 것에 있어서도 의심이 불가능할 정도로 확신할 수 있는 것은 없을까?

결론부터 말하자면, 있다. 지금 눈앞에 우유 함량 100%의 '진짜' 버터가 놓여 있다고 치자. 우리는 눈, 손, 입 등의 감각기관을 통해 버터의 노란 색깔, 네모난 모양, 미끌거리는 촉감, 이에 살짝 붙다가 이내 사르르 녹아버리는 식감 등을 파악한다. 그러나 버터를 가지고 요리를 해본 사람들이라면 알 수 있듯, 버터는 실온에 두면 흐물거리는 마요네즈와 같은 질감으로 변한다. 게다가 가열을 하게 되면 금세 녹아 식용유처럼 보이기도 한다. 불과 한 시간 전까지만 하더라도 네모반듯하고 손으로 들어 올릴 수도 있었던 버터가 지금에 와서는 그 모습을 전혀 다르게 바꾸어버린 것이다. 감촉도, 모양도, 식감도. 감각기관을 통해 처음 파악했던 버터의 특성들이 한순간에 딴판으로 변해버리다니. 그렇다면 이것들은 아무래도 의심할 수 없이 확실한 것에 해당하지는 않는 듯싶다.

그러나 이때 주목할 만한 사실이 하나 있다. 바로 우리는 녹아버린 버터를 보면서 여전히 그것을 '아까 그 버터'라고 인식한다는 것이다. 버터가 녹은 모습을 난생 처음 보는 사람이라 할지라도 마찬가지일 터다. 눈앞에서 버터가 녹아버렸다면 자신이 방금까지 보고 있던 버터가 이렇게 모양이 변했구나 하고 생각한다. 그렇다. 난생 처음 버터를 다뤄봐서 버터가 녹는다는 것도 생각하지 못하고, 그

가공 버터와 데카르트

래서 녹은 후의 모습이 어떻게 변하는지도 상상조차 할 수 없는 사람일지라도 말이다. 이 점을 고려한다면 이 사람이 묽게 녹아버린 버터를 보고 여전히 버터라고 판단한 것은 절대 그의 상상의 산물이 아니다. 오히려 이건 오직 정신에 의해서만 확실하고 분명하게 이해된 것이다.

따라서 우리는 물체에 대해서 오로지 정신만으로 이해한, 그래서 100% 확신할 수 있는 것이 있다는 결론을 내릴 수 있다. 그리고 그것은 바로 물체의 연장성Extension이다. 주위 환경에 따라 이리저리 늘어났다가(연장됐다가) 줄어들었다가 하며 모양을 바꿀 수 있는 속성. 이 능력을 가지고 특정한 공간을 차지하고 있는 어떤 것이 바로 물질적 실체라고 데카르트는 말한다. 버터에 관해 의심할 수 없이 확실한 것이 있다면 그것은 우리가 감각기관을 통해 파악한 특징들—식감, 감촉, 냄새 등—을 모두 제외하고 남은, 녹은 버터나 굳은 버터나 모두 동일한 버터로 인식하게 해주는, 버터의 연장성이다.

데카르트는 이처럼 우리가 물체를 파악할 때 연장성에 근거해 그것을 특정한 실체로 판단한다는 사실로부터 우리가 감각기관을 통해 파악한다고 생각하는 물체조차도 알고 보면 정신에 의해서 파악되는 것임을 강조한다. 우리가 흔히 물질적인 것이 정신적인 것보다 파악하기 쉬울 거라고 가정하는 것은 '오해'라고 데카르트는 말한다. 우리가 감각기관을 통해 무엇인가를 인식하고 있다고 느끼는 것은 실제로는 나의 정신을 통해서 인식되고 있는 것이며, 결국 나에게 있어 가장 쉽게 파악될 수 있는 것은 물체가 아니라 나의 정신이다. 그리고 '그러한 정신에 의지해 판단한 나'라는 존재가 있어야 하므로, 외부의 물체들을 판단함으로써 나 자신의 존재는 더더욱 분명해지게 된다.

가공 버터와 데카르트

어쩌면 당신은 앞으로 언뜻 보기만 한 물건을 잘못 사는 일이 벌어지더라도, 조금 덜 속상해하게 될지도 모른다. 원하지도 않는 물건을 사느라 몇 푼을 더 써버렸지만, 이런 실수를 할 때마다 당신이 존재한다는 것은 보다 확실해질 테니 말이다. 하지만 버터를 살 때만큼은 꼭 포장지를 유심히 보고 가공 버터가 아닌 진짜 버터를 사기를 바란다. 성분이 다른 것도 다른 것이지만, 무엇보다 맛의 차이가 크고, 기왕이면 더 맛있는 버터를 먹는 게 좋으니까!

'진짜' 버터로 유명한 제품들은 회사 별로 다양하게 있

아무리 생각해도 버터는 이즈니다 ⓒ오수민

지만 나는 아무리 먹어봐도 이즈니 버터가 제일 맛있는 것 같다. 버터계의 명품으로 불리는 에쉬레 버터도 먹어봤으나, 개인적으로 취향은 아니었다.

에쉬레에 실망한 후 나중에 찾아보다 알게 된 사실인데, 에쉬레는 유독 한국과 일본에서 인기가 많다고 한다. 오히려 명품 버터라고 더 많이 손꼽히는 것은 보르디에 버터였다. 이 버터는 프랑스 외부로는 웬만해선 수출도 되지 않는다고 해서 현지가 아니면 좀처럼 맛볼 기회도 없다. 아직 먹어본 적이 없는 나로서는 진짜 명품인지 아닌지 판단

가공 버터와 데카르트

할 수 없는 데다가 국내에선 구하는 길이 요원해 보이니 나는 아직까지는 이즈니에 열심히 식비를 투자하련다.

버터를 사용해서 자주 해 먹는 것 중에 하나는 앙버터다. 버터와 팥앙금 그리고 그 둘을 올릴 빵만 있으면 되니까 만드는 방법도, 들어가는 재료도 매우 간단하다. 빵의 종류는 바게트든 치아바타든 캄파뉴든 원하는 취향의 빵을 사면되는데 나는 오늘 냉동실에서 발견한, 집 근처 빵집에서 사뒀던 통밀 식빵을 사용했다. 평소라면 팥은 설탕을 줄여서 직접 삶았을 텐데 올여름의 무시무시한 더위를 겪고 나서는 좀처럼 장시간 가스불을 사용할 마음이 나지 않는다. 그래서 팥도 통조림을 사용했다. 앙버터 만들기가 이렇게 편하다.

달콤한 팥 위에 이즈니 버터를 올린
홈메이드 앙버터 토스트

주인공인 버터는 역시나 이즈니 버터. 조금 더 빵집에서 파는 앙버터의 모습을 재현하고 싶다면 나처럼 개별 포장된 걸 사지 말고, 막대 형태의 제품을 통째로 사서 자르는 편이 좋다.

　빵을 토스트하고, 팥을 적당히 올리고, 버터는 차가운 상태로 올린다. 그리고 세 가지 재료를 한입에 함께 머금는다. 바삭하게 바스러지는 고소한 식빵과 달콤한 통팥. 거기에다 더해지는 시원하고 깨끗한 맛의 버터가 만들어내는 맛의 조합. 지금 이 순간 "맛있다"고 느끼는 내가 존재한다는 사실은 더할 나위 없이 확실하다.

09

국가를 위한 레시피

먹는 건 중요하다. 참으로 명쾌하고 당연한 말인 것 같은데, 옛날에는 이 문장이 그렇게 와 닿지 않았다. 아마 직접 음식을 해먹게 되면서 제대로 와 닿기 시작한 게 아닐까 싶다. 직접 집을 구하러 다니기 전까지는 집의 소중함을 잘 모르는 것처럼 말이다. (그렇다. 요새 혼자 살고 싶어서 자취방을 알아봤는데 집값이 해도 해도 너무해서 그냥 접었다.)

배부른 돼지보다 배고픈 소크라테스 어쩌고 하는 선택지가 주어졌을 때 옛날이라면 짐짓 고상한 척을 하며 배고픈 소크라테스를 선택했겠지만 이제는 망설임 없이 전자를 택한다. 먹는 즐거움이 없는 삶이라니, 아무리 지적 수준이 높아진대도 도저히 견뎌낼 자신이 없다. 정신적인 행복보다 본능적인 행복이 내 행복의 지분을 더 많이 차지하고 있는 것 같아서 살짝 자괴감도 들지만, 막상 맛있는 음식 앞에서는 다른 게 아니라 이게 바로 행복 아니겠냐며 또다시 굴복하고 만다. 그야말로 끝이 나지 않는 딜레마다.

이처럼 음식이 주는 행복은 크다. 그래서 사람들은 그 행복을 극대화시키기 위해 발품을 팔아 맛집을 찾아다니고 자신이 원하는 맛을 추구하며 새로운 레시피를 개발한다. 이런 노력은 행복을 얻기 위한 투자 중 누구나 가장 손쉽게 할 수 있는 것이기도 하다. 투자의 결과도 즉각적으로 나오고 말이다. 그래서 모두가 관심을 기울인다. 요즘 유난히 음식을 주제로 한 방송과 콘텐츠가 우후죽순으로 늘어나는 까닭도 여기에 있을 것이다. 사람들이 행복을 찾을 수 있는 가장 빠르고 쉬운 방법이니까.

음식에 있어서 가장 이상理想을 추구하게 되는 건 언제일까? 우선 너무 고급스러운 음식은 후보에서 제외다. 트러플이니 캐비아니, 아무리 비싼 진미를 늘어놔도 어쩌다 한 번 먹은 트러플로는 '이상적인 트러플'이 뭔지 감을 잡지

국가를 위한 레시피

못한다. 매일같이 트러플을 먹어봐서 맛 좋은 트러플, 허접한 트러플, 제대로 된 조리, 잘못된 조리 등등을 경험해봐야 트러플이라는 음식에 대해 기준이 잡힌다.

그런 점에서 나는 사람들이 가장 이상을 추구하게 되는 음식은 라면이 아닐까 생각한다. 라면은 누구나, 그것도 여러 번 먹어봤을 음식이다. 조리법도 지극히 단순하니 직접 만들어보는 경험을 쌓기에도 그만이다. 시행착오를 하며 어떻게 끓이는 게 자신의 기준에서 가장 맛있는 라면인지에 대한 노하우가 쌓여간다.

'이상적인 라면'의 레시피는 사람 수만큼 존재한다고 해도 과언이 아니다. 각자의 레시피에 대한 고집 또한 확고해서 사람들은 다양한 방법을 사용하고, 거기에 필요한 노력도 아끼지 않는다. 물의 양을 계량컵을 사용해 칼같이 맞추는 사람도 있고, 타이머까지 동원해 면을 끓이는 시간을 재보기도 한다. 면과 스프를 넣는 순서에 집착하고, 각양각색의 부재료가 등장한다. 라면을 끓일 때만큼은 모두 깐깐한 전문가가 되어 자신의 이상을 좇는 것이다.

플라톤이 입맛이 까다로웠는지 어땠는지, 그래서 그가 음식에 관해 자고로 이 음식은 이렇게 만들어야 한다며 설파한 적이 있는지는 모르겠다. 하지만 철학에 관심이 전혀 없는 사람이라도 한 번쯤 들어본 적이 있을 만큼 플라톤이 '국가의 레시피'를 까다롭게 써둔 것만은 확실하다.

한 번쯤은 학교에서, 아니면 텔레비전이나 책에서, 플라톤이 그리고 있는 이상적인 국가의 모습을 접해본 적이 있을 것이다. 나는 중학교 도덕 교과서에 실려 있던 플라톤의《국가》의 일부를 읽고 이루 말할 수 없는 황당함을 느껐던 기억이 있다. 그 황당함은 대학생이 된 후에도 똑같이 느껴졌는데, 그도 그럴 것이 《국가》에 적혀 있는 이상적인 국가의 모습은 아무리 생각해도 너무나 비현실적이기 때문이다.

우선 사람들은 각자의 자질과 성향에 따라 특정한 계급으로 분류된다. 플라톤은 사람의 영혼이 세 가지의 부분—지혜, 용기, 절제—으로 나누어져 있고 각각의 부분이 제대로 작동해야 훌륭한 상태로 기능할 수 있다고 보았다. 그리고 이에 따라 국가도 서로 다른 세 가지 계급—통치자, 수호자, 생산자—이 맡은 바를 착실히 수행함으로써 훌륭하게 유지될 수 있다고 주장한다. 이때 한 번 정해진 계급은 이후에 바뀔 수 없는데, 이 부분을 읽고 조금 무섭다고 느꼈던 것 같다.

이번엔 무서운 게 아니라 황당함의 차례다. 국가의 여자들은 남편을 공유한다! 남자들도 부인을 공유한다. 즉 동거나 결혼 등을 통한 남녀 간 1:1의 고정된 관계가 없다는 것이다. 그렇다면 임신과 출산 같은 재생산은 어떻게 되느냐 하는 물음에 주어지는 답변은 점입가경이다. 마치 식물이나 동물에 있어서 좋은 품종을 얻기 위해 우수한 특질을 가진 개체끼리 교배시키듯, 더욱 우수한 자질의 아이를 생산하기 위해 국가가 재생산을 관리한다는 것이다. 정해진 사람끼리 아이를 낳고, 이렇게 태어난 아이는 국가 차원에서 관리한다. 특정한 가정에 속해 자라는 것이 아니라 국가 내의 어른들이 공동으로 양육하며, 누가 자신의 아이이고 누가 자신의 부모인지 알 수 없게 되어 있다.

아이들이 어느 정도 자라면 앞서 말한 세 계급 중 하나로 분류된다. 이를 위해 다양한 선발 절차가 존재하는데, 용기라는 덕목을 갖추고 있으면 수호자 계급에, 그렇지 않으면 생산자 계급에 남는다. 수호자 계급으로 분류된 아이는 매우 엄격한 통제를 받으며 공동생활을 하게 된다. 그리고 다시 이들 중에서 지혜를 갖추고 있는 아주 소수의 우수한 사람을 한 명 뽑아 통치자, 즉 왕으로 삼는다.

이렇게 지혜를 갖춘 통치자를 일컬어 흔히 '철인왕'이라고 부른다. 이는 평범하게 말해 철학자 왕이라는 뜻이다. 철학자는 지혜를 추구하고 또 그러한 지혜를 깨달은 사람으로서 옳은 것이 무엇인지 알기 때문에 사적인 욕구에 휘둘리지 않는다고 플라톤은 설명한다. 그리고 바로 이이유 때문에 철학자를 왕으로 앉히게 되면 그는 국가를 위

해 올바른 선택을 할 수 있을 것이라고 말한다. 이런 철인
왕의 통치는 어떻게 보면 1인의 전제 정치라고도 볼 수 있
다. 모든 결정을 철인왕 혼자서 하기 때문이다. 우리는 대
부분 민주주의를 최선의 정치 체제라고 생각하지만, 플라
톤의 생각은 달랐다. 그는 무지한 여럿보다 현명한 한 명
으로 운영되는 국가가 훨씬 나은 결과를 낳는다고 보았기
때문이다. 그래서 플라톤이 설정한 최선의 정치 체제는 철
인왕의 1인 통치로 설정되었다.

　이러한 내용을 읽고 황당함을 느낀 건 분명 나뿐만은
아닐 것이다. 민주주의가 최선의 정치 체제라고 배워온 것
과 반대되는 그의 주장도 낯설지만, 플라톤의 국가가 운영
되는 방식을 보다 보면 "이걸 진심으로 하는 말인가?"부터
시작해서 "사회주의도 완전 너무 심한 사회주의 아니야?"
내지는 "철학자만 왕이 될 수 있다니 그냥 자기가 왕 되고
싶어서 그런 거 아닌가?" 등등의 생각이 꼬리를 문다. 무엇
보다 실현 가능성이라고는 0에 가까운 이런 국가를 바람
직한 국가상이라고 제안하다니 현실 감각이 한참 떨어지
지 않나 싶고 말이다.
　확실히 이 저작은 인간의 본성상 결코 존재할 수 없을

플라톤은 《국가》에서 소크라테스와 다른 등장인물들 간의 대화를 통해 자신의 철학 사상을 내보인다

유토피아를 국가상으로 내세우는, 현실 감각 없는 이상주의자라는 평판을 플라톤에게 가져다주는 데에 한몫했다. 더구나 플라톤 하면 빠질 수 없는 게 이데아론 아닌가. 현실 사물들의 본이 되는 영원불변의 완벽한 이데아가 실존한다는 그의 주장까지 참작한다면,* 그야말로 이상주의자도 너무 멀리 간 이상주의자인 것 같다는 인상을 떨칠 수가 없다.

---

* 플라톤은 이데아가 "실제로 존재"한다고는 생각하지 않았다고 말하는 철학자도 있다. 이데아가 현실 사물들과 다른 차원에서 이야기되고 있는 만큼 그 존재 방식도 현실 사물의 존재 방식과 다를 것이고, 따라서 플라톤의 주장도 다르게 해석되어야 한다고 보는 입장이다.

두 발을 현실에 붙인 이상주의자

이와 같은 국가상은 주로 책이나 미디어 등에서 플라톤을 소개함과 동시에 별다른 맥락 없이 언급되는 탓에, 사람들은 흔히 플라톤이 실용적인 목적으로 이러한 국가상을 진지하게 제시했다고 믿게 된다. 플라톤이 분명 이상주의자였던 것은 맞다. 현실에 존재하는 감각적인 경험으로 알 수 있는 사물들보다, 정신적이며 지성을 이용해서만 얻을 수 있는 관념적인 지식을 더 높이 평가했으니 말이다. 그리고 그러한 지식의 근원이 되는 영원불변한 이데아를 파악하기 위해 노력해야 한다고 말했다.

라면으로 치자면 라면을 직접 끓여 먹는 것보다는 완벽

한 라면의 형상Form을 상상하는 것으로부터 더 큰 행복을 느꼈을 거란 얘기다.

하지만 플라톤은 자신이 제시한 국가상이 어디까지나 이상일 뿐이라는 것을 충분히 인지하고 있었다.《국가》에 등장하는 인물들은 (플라톤의 의견을 대변하는)소크라테스에게 이러한 국가상을 과연 실현할 수 있을지, 그리고 실현한다고 해도 위험하진 않을지 걱정을 내비치는 모습을 보인다. 심지어 5권에서는 소크라테스가(즉 플라톤이) 이러한 국가는 그저 본보기Paradeigma 즉 모델에 불과하다고 시인한다.*

플라톤의 국가상은 마치 **비유**와 같아서, 그의 국가상에서 중요시되는 가치가 현실에서도 중요시되기를 바라는 목적으로 쓴 것에 가깝다. 예를 들어 그가 말하는 철학자 왕이라는 설정은 자기와 같은 철학자들을 우월한 존재로

---

* 《국가》에서 플라톤의 대변인 역할을 하는 소크라테스는 "그러니까 자넨 우리가 논의를 통해서 자세히 말한 그러한 것들이 완전히 실제로 실현되는 걸 보여 주어야만 된다고 내게 강요하질랑은 말게나. 오히려 자네로선 한 나라가 어떻게 하면 앞서 언급된 바에 가장 가깝게 다스려질 것인지를 우리가 발견할 수만 있다면, (중략) 나로서는 실상 만족하겠네만."(참고문헌 364쪽)이라는 말로 이점을 확실히 한다.

만들려는 것이 아니라 지성nous이 통치의 기본이 되도록
하기 위해서다. 통치자가 한 명이든 여럿이든 현실에 적용
될 때 근본적으로 통치자의 지성에 의해 통치되는 나라가
이상적이라는 것이다. 플라톤의 국가상에서 수호자와 통
치자 계급의 사적 생활이 통제되는 것 또한 국가의 존립
이유가 개인의 사적 이익이 아닌 시민 전체의 최대 행복에
있음을 강조하고 싶었기 때문이다.

　플라톤이 생각하기에 '훌륭함'이라는 덕목을 구현하기
위해선, 주어진 것을 단순히 감각적으로 지각하는 것이 아
니라 지성을 통해서만 알 수 있는 것을 현실에서 주어진
것에 **적용**시키는 것이 필요했다. 라면이란 걸 생전 보지도
못한 사람에게 라면 면발과 스프만 덜렁 건네주며 "수도꼭
지와 불은 저쪽에 있다"고 말해봤자 그 사람은 제대로 된
라면을 끓이지 못한다. 스프는 무슨 용도이고 면발이 시간
에 따라 익어가는 정도는 어떠하며 물의 양이 맛에 어떻게
영향을 미치는지 등을 머리로 파악하고 나야 주어진 재료
를 가지고 라면을 끓일 때 비로소 훌륭한 라면을 끓일 수
있다.

　플라톤의 국가도 그러하다. 이건 우리에게 주어진 현실
의 국가와 다르다. 어쩌면 현실에 결코 출현할 수 없는, 그

야말로 머릿속에서만 존재 가능한 국가인지도 모른다. 하지만 이런 국가상을 통해 국가에서 우선시되어야 할 가치가 무엇인지 머리로 알고 나면 그걸 현실 속 주어진 것에 적용할 수가 있다.

이렇게 생각하면 그는 결코 허무맹랑한 이상에만 목숨을 거는—라면을 3초 더 끓였다고 망한 라면이라며 냄비째 싱크대로 직행하는—사람이 아니라 현실에 단단히 두 발을 디딘 상태에서 현실을 보다 낫게 만들 모델로서 이상을 추구했던—물을 너무 많이 넣어서 싱겁다고 투덜거리면서도 다음 번엔 더 잘 끓여야지 하면서 먹는—인물로 평가될 수 있다. 그는 《국가》를 진심으로 쓴 것이 맞지만, 그것을 현실에서 실현하라며 강요하려는 목적이 아니었다. 오히려 왜 이런 글을 썼을까 하며 독자들이 스스로 의문을 가지고 자신이 사는 국가의 현실과 이상을 생각해볼 기회를 주고자 한 것이라 볼 수 있다.

플라톤이 《국가》의 받아들이기 어려울 정도로 파격적인 국가관을 주창한 데에는 이러한 의도가 다분하지 않나 하고 나는 생각한다. 누가 봐도 납득 가능한, 그래서 뻔한 제안을 하는 대신 "진심으로 이러는 거야?"라고 반문할 만한 떡밥을 던지는 것. 플라톤은 왜 이런 걸 강조하는지, 그것이 내가 중시하는 가치와는 어떻게 다르며 내가 속한 공동체의 모습과는 닮아 있는지 등을 생각하게 만들어 자연스럽게 지금보다 더 나은 공동체의 모습을 상상해보도록 하는 것 말이다.

한 번 무엇이 좋은지 의식하고 나면 웬만큼 삐딱선을 타지 않는 이상 저절로 그러한 방향으로 나아가도록 노력을 하게 된다. 인간이라면 마땅히 좋음Good의 이데아를 알기 위해 노력해야 하고, 좋은 것이 무엇인지 알게 되면 좋은 선택을 할 수밖에 없다고 믿었던 플라톤을 생각하면 《국가》 안에 그러한 의도가 숨어 있다고 해도 무리는 아니지 않을까 싶다.

내가 생각하는 이상적인 라면이란 부재료로 아무것도 첨가하지 않고, 그저 주어진 면과 스프만을 이용해서 면은 살짝 꼬들꼬들하게 그리고 물은 살짝 적은 듯이 끓이는 것이다. 대파와 계란을 비롯해 모든 토핑은 사양한다. 튜닝의 끝은 순정이라고, 나는 이렇게 가장 기본적인 라면이 좋다. 사실 김치를 곁들여 먹는 일도 별로 없다. 뭐 있으면 가끔씩 집어먹기는 하겠지만 어디까지나 기본적인 라면의 맛에 집중한다.

그런 탓에 웬만큼 마음에 드는 라면을 발견하지 않는 한 라면을 좀처럼 먹을 일이 없다. 원래 신라면을 가장 좋

아했고 또 많이 먹었는데 어느 순간부터 맛이 달라진 느낌
이 들어서 사지 않게 된 지 오래다. 다른 라면으로 갈아타
볼까 싶어 이것저것 시도해봤지만 아쉽게도 신라면을 완
벽하게 대체할 수 있을 만큼 마음에 드는 라면은 아직 발
견하지 못했다. 더구나 최근 몇 년간 라면 시장의 트렌드
가 매운맛이 되어버려서 나로서는 더욱더 고르기가 힘들
어졌다. 나는야 이 구역의 맵찔이. 김치도 맵다며 울면서
먹는 사람이 바로 나다.

덕분에 이상적인 라면을 발견하지 못한 채 헤맨 지 어
언 몇 년이지만, 그래도 이왕 라면에 관한 글을 쓰고 있으
니 오랜만에 먹어봐야 하지 않겠냐며 집 근처 마트에 갔
다. 그런데 엉뚱한 것에 시선이 꽂혀버렸다. 초등학교를
끝으로 일체 인연이 없었던 라면의 탈을 쓴 과자, 바로 뿌
셔뿌셔였다. 내가 익숙하게 알고 있던 추억의 바비큐맛과
불고기맛 옆에 난생처음 보는 맛의 뿌셔뿌셔가 놓여 있던
것이다. 왠지 수상쩍은 초록빛 포장의 와사비김맛 뿌셔뿌
셔였다.
  이 제품에 대한 나의 첫인상은, 마치 플라톤의 국가상처
럼 머릿속에서만 있었어야 하는 음식이 아닐까 하는 것이

었다. 현실에 나오면 오히려 위험한 레시피 말이다. 그러나 그 점이 오히려 호기심을 자극한 것일까 아니면 너무나도 이질적인 패키지 디자인에 나도 모르게 끌려버린 것일까. 정신을 차려보니 나는 이미 와사비김맛 뿌셔뿌셔를 계산해서 집으로 돌아가고 있었다.

반쯤 장난치는 기분으로 포장을 열어—패키지보다 훨씬 수상한 색깔의— 스프를 뜯었다. 라면부터 먼저 부순 후 스프를 뿌렸어야 한다는 걸 깨달았을 땐 이미 스프를 전부, 모두 다, 몽땅 라면 위에 뿌려버린 후였다. 이렇게 초보적인 실수를 하다니 믿을 수 없다. 10년이 넘도록 뿌셔뿌셔를 먹지 않은 탓이다. 아무튼 열심히 라면을 부순 후 두려움 반 호기심 반으로 푸르뎅뎅한 라면 한 조각을 입에 넣은 순간…. 이게 웬일인가. 너무 맛있다! 알싸한 와사비의 맛이 본격적으로 나면서 거기에 짭짤한 김맛이 함께 어우러진다. 고추의 매운맛에는 약하지만 와사비의 매운맛은 중독 수준으로 좋아하는 나다. 순식간에 한 봉지를 다 비우고 말았다.

대체 오뚜기의 식품부가 어떤 연령층을 타깃으로 잡고 이 제품을 개발한 것인지는 모르겠지만, 안주로도 완벽하

와사비맛 라면도 현실에 적용될 만한 것이었다

겠다는 생각이 들었다. 무엇보다 인상 깊은 점은 와사비의 맛이 너무나도 훌륭하게 재현되었다는 것. 1000원도 안 하는 가격이라고 믿을 수 없을 만큼 근래 먹었던 과자 중에 가장 마음에 들었다.

어릴 때 이후 먹을 일이 없을 거라고 생각했던 뿌셔뿌셔에 감동을 해버린 것 같아 묘하게 자존심도 상하고 당황

스럽지만, 어쨌거나 와사비김 맛 뿌셔뿌셔는 현실에 적용
되어도 좋을 레시피라는 것을 확인했으니 됐다. 진짜 라면
은 아니지만, 나의 이상적인 라면의 대체품으로서는 충분
한 것 같다. 어쩌면 당분간은 라면을 '끓이기'보다 '부수는'
일이 더 많아질지도 모르겠다.

10

모나드 비빔밥

맨 처음 라이프니츠를 접했을 때 받았던 인상은 영 내 스타일은 아니라는 것이었다. 그의 대표작인 《모나드론》이 항목별로 번호가 매겨진 채 쓰인 것을 보고 굉장히 기대를 했었다. 내가 엄청나게 감탄했던 스피노자의 《에티카》가 항목마다 번호가 매겨지는 방식으로 쓰였었기 때문이다.

마치 수학적 증명과 같은, 논리적으로 빈틈이 없는 주장을 돋보이게 하는 스피노자의 형식을 라이프니츠도 채택했다니, 이 아저씨도 한 논리 하나보다 하고 기대했건만. 막상 읽어보니 숫자는 그냥 보기 편하라고 매긴 건가

싶었다. 앞에서 했던 말과 다르지 않은 내용을 여러 번 되
풀이하기도 하고, 읽는 이를 압도하는 반박 불가능한 완벽
한 논리가 등장하는 것도 아니었다. 혹시 그가 다원론자였
다는 사실이 이런 면에 영향을 주었나 하는 생각까지 들었
다. 아무래도 하나의 절대적인 원리를 추구하는 철학자들
에 비하면 좀 덜 빡빡하지 않겠는가. (참고로 스피노자는 일
원론자였다.)

일원론자들은 세상에 단 하나의 실체—주로 신으로 설정되
는—만이 존재한다고 생각하는데, 라이프니츠와 같은 다원
론자들은 이 세상에 여러 개의 실체가 존재한다고 주장한
다. 어렸을 때부터 다원사회의 중요성을 못이 박히도록 들
으며 자란 세대로서 어쩌면 나는 라이프니츠의 사상이 그
래서 덜 재미있었을 수도 있겠다. 원래 자신이 익숙한 것
과 다른, 보다 색다른 것에 마음이 끌리지 않는가.

게다가 라이프니츠가 이야기하는 실체 즉 '모나드'라는
실체가 익숙지 않은 개념이었던 탓도 있다. 새롭게 고안해
낸 개념이라면 눈으로 봐가면서 이해할 수 있으면 좋을 텐
데, 모나드는 눈으로 확인할 수 있는 개념도 아니다. 과학
시간에 원자가 어쩌고 분자가 어쩌고 하는 이야기가 별로
재미있지 않았던 이유는 당장 내가 보는 시야에 원자, 분

자가 없기 때문이다. 어디까지나 상상을 해가며 이해해야 하는 대상이다. 눈으로 봐가며 이해하는 일도 노력을 요하는 일인데 상상력까지 발휘해야 한다면 거부 반응이 오는 것도 당연하다. 아무튼, 이러한 연유로 라이프니츠는 '내 취향' 카테고리에서 배제되어 있었다.

그런데 이상하게도, 살다 보니 순간순간 라이프니츠가 한 말이 맞았구나 싶은 때가 찾아온다. 그것도 매우 격한 공감을 불러일으키는 때가 있다. 라이프니츠의 사상은 연륜을 요하는 것인가 하는 생각도 들고, 괜히 사람들이 라이프니츠를 높이 평가했던 것이 아니구나 하는 묘한 경외감도 들었다. 일상의 한순간에 라이프니츠가 했던 말이 떠오르며 고개를 세차게 끄덕거리게 될 때마다 나의 라이프니츠를 향한 애정도는 그렇게 조금씩 높아졌다.

예전에는 그리 크게 체감할 수 없었는데 한 해 두 해가 지나갈수록 사람 사이에는 넘을 수 없는 골이 있다고 느낄 때가 많다. 동일한 상황을 마주한 나와 상대의 반응이 전혀 딴판일 때. 단순히 '나와는 다른 감정을 느끼는구나'로 끝나지 못하고 '어떻게 이 상황을 저런 식으로 받아들일 수 있는 걸까'라는 의문이 생길 정도로 정반대라면, 어쩌면 저 사람이 살아가고 있는 세상과 내가 사는 세상은 단순히 공간만 겹쳐져 있을 뿐 아예 다른 세상인 것은 아닐까 하는 의심이 든다.

당연한 듯 상대의 공감을 예상하고 있었을 경우에는 조

금 서글픈 마음마저 든다. 같은 거리를 걸으며 같은 것을 보고 있는데, 나에게 핑크빛 선물꾸러미로 보이는 이 세상이 다른 이에게는 마지못해 살아가야 하는 늪과 같은 곳이라니. 상대가 해온 경험에 따라 그의 관점이 구성되고, 그 관점에 따라 그의 눈에 비치는 세계가 달라진다면, 과연 그가 살고 있는 세계가 내가 사는 세계와 같다고 말할 수 있을까. 물리적으로는 하나일지 몰라도 관념적으로는 결코 같은 곳이라고 할 수 없지 않을까. 각각의 사람들은 각자의 방식대로 세상을 보고, 각자가 비춰낸 그 세상 안에서 살아가는 것 같다.

이런 생각이 들 때마다 라이프니츠를 떠올린다. 라이프니츠는 이 세상 만물이 모나드Monad로 이루어져 있다고 말한다. 모나드란 더 이상 나눌 수 없는 가장 작은 단위의 실체를 뜻하는 개념인데, 이러한 정의 때문에 과학에서의 원자 개념에 비유되기도 한다. 더 이상 쪼개질 수 없을 만큼 기초적인 단위의 존재이니 모나드에겐 여분의 부분이랄 게 없다. 그래서 모나드는 이리저리 늘어날 수 있는 성질인 연장성도, 정해진 형태도 갖지 않는다. 결과적으로 외부의 대상과 상호작용을 하는 것이 불가능해진다. 다른 대상과 상호작용이 일어나려면 소위 말하는 '기브 앤 테이크'가 일어날 여지가 있어야 하는데 모나드에겐 덜어낼 부분도 더해질 부분도 없기 때문이다. 이로부터 모나드는 다른 모나드와 상호작용하지 않는다는 결론이 도출된다. 이를 라이프니츠는 "모나드에는 무엇인가가 들어오거나 나갈 수 있는 창이 없다Les Monades n'ont point de fenêtres, par lesquelles quelque chose y puisse entrer ou sortir."고 표현하기도 한다.

외부와 상호작용을 하지 않는다는 것은 자신만으로도 충분하기 때문에 구태여 외부로부터 무언가를 구하지 않아도 된다는 뜻이 될 수도 있다. 모나드가 실제로 그렇다. 하지만 외부와 상호작용을 하지 않는다고 해서 가만히 멈춰 있는 존재라고 오해해서는 안 된다. 모나드는 오히려 끊임없이 변화해가는 존재이니 말이다. 다만 이 변화는 외부가 아니라 오롯이 자기 내부로부터 기인한다는 점에서 독특하다.

라이프니츠가 말하길, 모나드 안에는 그 모나드가 변화할 구체적이고 다양한 내용이 담겨 있다. 그런데 그 내용은 각각의 모나드마다 전부 달라서, 모나드는 '단일'한 실체임에도 불구하고 다양성을 내포하는 존재일 수 있으며 또한 개개의 모나드가 세상에 둘도 없는 고유한 본성을 가진 존재일 수 있게 된다. 이러한 변화의 구체적 내용, 다시 말해 '다양성'을 실현하고자 하는 모나드의 욕구가 바로 모나드가 변화하는 내적인 동력이자 원리다.

이와 같이 모나드 스스로가 지닌 변화의 내용을 실제로 세상에서 표현해내는 상태를 라이프니츠는 지각Perception 이라고 부른다. 우리는 흔히 지각이 외부 대상으로부터 우리의 감각기관을 통해 들어오는 것이라고 생각한다. 그러나 라이프니츠의 관점에 따르면, 지각이라는 것은 사실 모나드 각각의 고유한 내적 상태라는 결론이 나오게 된다.

지각을 바라보는 라이프니츠의 방식이 우리의 일상적인 관점과 조금 달라서 낯설게 느껴지지만, 조금만 더 곱씹어보면 오히려 라이프니츠의 이론이 훨씬 와 닿는다는 걸 알 수 있다. 만물이 모나드라면 인간도 예외가 아니다. 지각한다는 것은 곧 모나드 내부의 '다양'을 실제로 표현하는 상태이며 그 다양은 각각의 모나드가 전부 다르다고 했으니, 백 개의 모나드가 있다면 그들의 지각 또한 백 가지로 전부 다를 것이다. 즉 모나드가 세상을 지각한다는 것은 다수의 모나드가 하나의 세상을 동일하게 받아들인다는 의미가 아니라, 세상은 하나지만 그것을 지각하는 모나드의 수만큼 세상이 지각되는 방식이 다양하다는 의미가 된다.

그래서 이 우주는 모나드의 수만큼 복제된다고 라이프니츠는 말한다. 그리고 바로 여기서 "모든 모나드는 자신의 방식으로 우주를 지각하는 살아 있는 거울un miroir vivant de l'univers"이라는 유명한 구절이 쓰이게 된다. 모나드론을 처음 공부할 때 나는 이 구절이 왜 유명한지 이해할 수 없었다. 그저 시적이고, 멋있어 보이니까 많이 회자되었나 보다 하고 생각했을 뿐이다. 그런데 바로 이 문장이 내가 살아가며 느끼는 사람들 사이의 '골'을 설명해주는 것이 아닌가.

하나의 세상을 살고 있지만 그 세상을 모두 동일하게 지각하는 것이 아니라, 각자가 자신에게 주어진 고유한 변화의 내용을 펼쳐내는 것. 그래서 서로 보는(지각하는) 세상이 다를 수밖에 없는 것이다. 이때부터 나는 라이프니츠가 세상을 제대로 봤다는 생각을 한 것 같다.

이뿐만이 아니다. 모나드에게 있어 외부와의 상호작용은 가능하지 않으며, 따라서 모나드가 변화하고 지각하는

모나드 비빔밥

바는 오로지 자기 자신 안에 있는 내적 요인으로부터 이루어진다는 것. 이건 마치 주변 사람들에게 그들이 바뀌기를 바라면서 아무리 조언을 하고 애를 태워도 결국 스스로 깨닫고 변화를 마음먹지 않는 이상 변화는 일어나지 않는다는 사실을 연상케 한다. 또한 개개의 모나드가 각자 고유한 변화 가능성을 가지고 있고 그것을 실현해나간다는 설명은 우리가 인간의 잠재력을 바라보는 방식과 많이 닮아 있는 것 같고 말이다. 시간이 흐르고 주변의 세계를 생각할수록 라이프니츠의 철학에 고개를 끄덕거리는 횟수가 늘어간다.

모나드가 스스로에게 내재된 변화의 내용을
실현해내는 상태를 '지각'이라고 했다. 그런데 이러한 지
각 능력이 모든 모나드에게 동일하게 주어져 있는 것은 아
니다. 즉 지각할 수 있는 능력의 정도는 모나드마다 다르
다. 우리가 흔히 무생물이라고 생각하는 책상이나 돌멩이
등은 '잠든 상태'의 지각을 지닌 모나드라고 할 수 있다.

이에 반해 감각기관을 통해 보다 선명한 지각을 하며
그 지각을 '기억'할 수 있는 모나드도 있다. 동물들이 그러
하다. 여기서 한발 더 나아가 영구적이고 필연적인 진리를
알게 해주는 '이성'을 가지는 모나드들도 있는데 바로 여

기에 인간이 속한다.

인간은 이성을 가진 탓에 자기반성을 할 수 있으며 이미 인식된 진리들을 사용해 보다 추상적인 사고도 할 수 있다. 경험의 세계를 넘어 이성이 필요한 추상적 사고를 거듭해나가다 보면 맞닥뜨리는 것은 가장 궁극적인 질문들이다. "나는 감기에 걸렸다"라는 경험적 사건은 "그 전날 감기 걸린 사람과 접촉했기 때문에"라는 쉬운 원인을 찾을 수 있다. 하지만 "이 세계는—하필이면 이런 모습으로— 존재한다"라고 하는, 우리의 궁극적인 존재와 관련된 문제에 관해서는 대체 어떤 원인이 작용한 것인지 쉽사리 대답할 수 없다. 결과가 있는 이상 어떠한 원인이 있었다는 것은 분명한 사실이다. 하지만 인간은 어디까지나 불완전한 모나드이기 때문에 이 정도 수준의 답을 찾을 수 있을 만큼의 지각 능력은 갖고 있지 않다. 보다 완벽한 지각 능력을 가진 모나드가 필요하다. 눈치챘을지도 모르겠지만, 이러한 모나드는 바로 신이다.

라이프니츠가 만물은 모나드라고 말한 것이 그냥 하는 소리는 아니었다. 그에 따르면 신이라는 실체마저 다름 아닌 모나드다. 모든 면에 있어서 절대적으로 완전하며, 궁극적이고 본원적인 모나드다. 여기서 살짝 짚고 넘어가면 좋을 부분은, 어떤 존재가 완벽하다면 그것은 그 존재Being 가 반드시 존재exist할 수밖에 없다는 것을 함의한다는 점이다. 존재하지 않는다는 걸 일종의 결핍으로 보는, 따라서 '완벽함'이라는 속성과 '존재하지 않음'은 결코 양립할수 없다고 보는 전통적인 관점에 따른 논리다. 그래서 신이 정의상 완벽한 존재라면, 신은 **필연적으로** 존재할 수밖에 없다. 그리고 이처럼 필연적인 존재는 모든 우연적인 존재들을 가능케 하는 원인이 된다. 다시 말해 만물이 생성된 이유나 세상에서 어떠한 일이 벌어지는 이유가 모두신이 되는 것이다. 수학에서의 진리와 같은 것도 예외가아니어서, 신의 완전한 지성을 근거로 해서 참이 된다고라이프니츠는 설명한다.

앞서 우리는 하나의 세계가 무수한 모나드들에 의해 다양한 방식으로 지각됨을 확인한 바 있다. 라이프니츠에 따르면 이것이 가능한 까닭 그리고 이러한 일이 벌어지는 이유 모두 신에게서 찾을 수 있다. 모나드는 모두 우주를 지각하고 있지만, 각자의 모나드는 신이 특별히 그 모나드를위해 마음을 쓴 부분, 즉 그 모나드를 위해 특별히 배당된

모나드 비빔밥

부분을 더욱 판명하게 지각한다. 그래서 하나의 우주가 서로 다른 방식으로 지각되는 결과가 나타나는 것이다. 그리고 이와 같은 다양한 지각이 서로 충돌하지 않고 세계 내에서 질서 있게 공존할 수 있는 것 또한 신 덕분이다. 모나드는 서로 직접적인 상호작용은 하지 않지만, 각각의 모나드는 모두 신이 예정해둔 목적에 따라 세계 내에서 조화를 이루고 있다는 것이 바로 라이프니츠의 예정조화설이다. 모나드가 직접 의식하지는 못하더라도 신이 그리고 있는 하나의 목적을 향해 모두가 서로 관계 맺고 있는 것이다.

이처럼 신이 설정한 목적에 따라, 신에 의해 조화를 이루고 있는 이 세계는 궁극적이고 완전한 실체로서 모든 것을 파악하고 있는 신이 그 나름대로의 충분한 이유를 가지고 선택한 것이다. 우리는 불완전한 인간이기에 신의 목적을 완벽히 이해할 수 없어서 이 세계에 악과 부조리가 가득하다고 느낄 수도 있다. 그러나 완벽한 지성을 가지고 있는 신의 관점에서 봤을 때는 어쩌면 모든 것들이 함께 합쳐졌을 때 의외로 멋진 그림이 완성될 수도 있다. 바꿔 말하자면 신이 그리는 '빅 픽처'에 가장 잘 들어맞을 수도 있다는 것이다. 따라서 완벽한 신이 선택한, 지금 우리

가 사는 세계는 현실적으로 최선의 세계라고 라이프니츠
는 말한다.

　지금 이 세계가 최선이라니. 별다른 저항 없이 공감할
수 있는 사람들이라면 정말 잘된 일이지만, 아마 나처럼
반문하고 마는 게 일반적인 경우일 것이다. 하지만 확실히
라이프니츠는 낙관적이었다. 무한한 경우의 수의 우주가
가능하지만 현재 존재하고 있는 단 하나의 우주가 실제로
가능한 최선의 우주라고 주장했고, 인간은 신을 가장 많이
닮은 피조물이기에 이성을 통해 신의 목적을 깨달아 그에
맞는 행동을 할 수 있을 것이라고 믿었다. 이러한 라이프
니츠의 생각이 맞는지 아닌지는 예전이나 지금이나 잘 모
르겠다. 하지만 한 가지 확실한 건, 내 관점에서 최선이 아
닌 세계를 살아가는 데에는 비관론보다 낙관론이 훨씬 도
움이 된다는 것이다.

　　　　　　　　　　　　　　　　　모나드 비빔밥

모나드 비빔밥

제각기 다른 모나드가 신이 설정한 하나의 목적을 위해 우주 안에서 각자 맡은 바를 따라 움직인다. 이러한 가정으로부터 비빔밥이나 샐러드와 같은 음식을 떠올리는 건 너무 뻔할지도 모르겠다. 하지만 그보다 더 적절한 예가 어디 있겠는가. 나라는 신이 설정한 목표인 '맛있음'을 향해서 각양각색의 재료가 제각기 맡은 바를 다하는 하나의 그릇. 오늘은 비빔밥을 먹도록 하자.

사실 이건 비빔'밥'은 아니다. 밥은 한 톨도 들어가지 않았기 때문이다. 이건 내가 좋아하는 만화가 타카기 나오코의 책을 읽다가 알게 된 음식이다. 타카기의 말을 빌리자

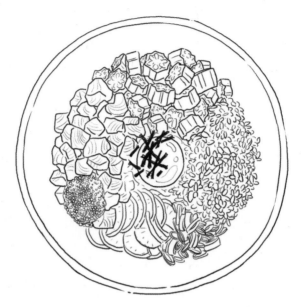

면 이 메뉴의 이름은 스페셜 낫토다. 음식 만화 《식탐 만세!》에 등장하는 요리로, 낫토 안에 각종 재료들을 넣고, 낫토의 점액질로 인해 전체가 다 끈적끈적해질 때까지 열심히 저어서 먹는 음식이다. 안에 들어가는 재료는 비빔밥과 다르지만 먹는 원리(?)는 비빔밥과 같은 셈이다.

나는 낫토와 더불어 오크라—내가 사랑해 마지않는 별 모양

모나드 비빔밥

의 채소―, 참치회, 단무지, 대파, 날계란을 준비한 뒤 홀그레인 머스타드를 한 스푼 떠 넣었다. 남은 것은 젓가락으로 열심히 휘젓기. 낫토의 '실'이라고도 불리는 이 끈적끈적한 점액질은 콩이 발효되면서 생성되는 것인데 발효가 많이 될수록 그 끈기가 강해진다. 이 끈끈함 덕분에 젓가락으로 열심히 젓다 보면 마치 꿀타래와 같은 비주얼이 완성된다.

낫토가 마음에 들지 않는다면 클래식한 버전의 비빔밥을 먹을 수도 있다. 오히려 비비는 데 드는 품은 훨씬 적다. 내가 기본 비빔밥을 만들어 먹을 때는 이런 재료들을 자주 넣는다. 상추와 숙주와 당근과 고추. 콩나물이 아니라 숙주를 사용하는 이유는 콩나물에 비해 맛이 튀지 않아 다른 재료들과 잘 어우러지기 때문이다. 숙주는 살짝 데치거나 간단하게 전자레인지에 돌려서 물기를 살짝 뺀 뒤 사용한다. 기본 멤버인 상추 외에도 계절에 따라 미나리를 넣거나 쑥갓을 넣기도 한다. 미나리가 들어가는 날에는 양념장을 만들 때 식초의 분량을 살짝 높여준다.

생김도 듬뿍듬뿍 찢어서 넣어준다. 김을 넣고 안 넣고는 개인의 취향이지만 나는 거의 산더미처럼 넣어 먹는 것을 좋아한다. 그리고 마지막으로 결코 빠뜨릴 수 없는 것이 계란 프라이. 나는 비빔밥을 먹는다면 계란 프라이는 기본 4개부터 시작해야 한다고 믿는 사람이다. 반숙으로 조리해서 비빔밥을 먹으며 입안이 매콤해질 때쯤 보들보들한 계란을 한 입. 준비 과정은 꽤나 까다롭지만, 이렇게 아름다운 맛을 느끼기 위해서라면 아무리 수고로워도 힘들지 않다. 이런 '맛의 빅 픽처'를 그리며 오늘 아침도 비빔밥을 비빈다.

모나드 비빔밥

11

흐르는 강물에 샤부샤부

식기나 그릇에 큰 관심은 없지만, 내가 유난히 아끼는 그릇이 하나 있다. 디자인이 특출나게 예쁘다거나 해서는 아니다. 오히려 투박하다고도 할 수 있을, 민짜 무늬의 검은색 그릇. 내 식생활에 있어 너무 유용해서 빼놓을 수 없는 그릇이다. 물론 샐러드를 만들어 먹거나 색이 밝은 음식을 담을 때에 그릇의 검은색이 음식의 색과 대비를 이루어 보기에 예쁜 것도 사실이다. 하지만 이 검은색 그릇은 적어도 내게 있어선 고기를 먹을 때 그 진가를 발휘한다. 그건 다름 아닌, 핏물을 눈에 띄지 않게 해준다는 것.

핏물이라니 갑자기 무슨 소리냐고 의아해할 수도 있겠다. 더구나 조리 전 준비 과정으로서 핏물을 빼는 것도 아니고 요리를 서빙하는 접시에 말이다. 미취학 아동이었을 때부터 생간을 좋아했던 나는, 고기에 핏기가 배어 있는 채 먹는 걸 좋아한다. 소고기는 당연히(?) 덜 익혀 먹는다. 겉면만 익으면 바로 불을 끄고 잔열로 1~2분간 익히고 끝이다. 이렇게 하면 그야말로 고기를 썰 때 핏물이 줄줄 흘러나온다. 맛은 있다. 맛은 있는데, 솔직히 말해서 그걸 맛있다고 먹고 있는 나로서도 먹고 있는 고기에서 시뻘건 핏물이 흘러나오는 광경은 썩 유쾌하지 못하다. 그래서 이때 검은색 접시를 꺼낸다. 까만 그릇 위에서는 핏물이 흘러나와도 그다지 눈에 띄지 않는 것이다. 무슨 조삼모사 같지만, 그래도 어떡하겠는가. 미각적인 욕구와 시각적인 욕구가 따로 노는데.

몇몇 사람들은 경악할 수도 있을 텐데, 난 돼지고기도 핏기가 완전히 가시지 않을 때까지만 익힌다. 그편이 훨씬 부드럽고 맛도 좋다. 돼지고기를 덜 익혀 먹으면 안 된다고 누군가가 지적할 때를 대비한 답변도 언제나 준비되어 있다. 돼지고기로 인한 기생충 감염은 국내에선 더 이상

걱정하지 않아도 된다고 말이다. 가끔은 조리 시간을 잘못 계산한 탓에 닭고기를 덜 익혀버릴 때도 있는데, (피가 뚝 뚝 떨어지는 닭고기를 드셔보신 적 있나요?) 심지어 이럴 때도 다시 익히기 귀찮아서 그냥 먹을 때가 비일비재하다. 하지만 닭고기의 경우에는 결코 맛을 위해 덜 익히는 일은 없다. 확실히 닭고기는 덜 익으면 맛이 없으니까.

이렇게 덜 익힌 고기를 좋아하는 나에게 고기를 살짝만 데쳐서 먹는 게 미덕인 샤부샤부는 꽤 매력적인 음식이다. 다만 먹는 방법에 있어서는 조금 귀찮은 게 사실이다. 계속해서 불을 조절해야 하고, 재료도 그때그때 넣어가며 먹어야 하니 말이다. 그런데 동시에 샤부샤부가 다른 음식과 차별화되는 지점이기도 하다. 이를테면 단 한 번도 **고정된 상태가 없다**고 할까, 냄비 속 육수는 불 덕분에 끊임없이 끓고 있고, 어떤 재료를 어떤 순서로 넣었느냐에 따라서 육수의 맛도 계속해서 변해간다. 이런 걸 생각하고 있는 참에 고기를 육수에 담갔다 뺐다 하고 있으면 나는 영락없이 헤라클레이토스를 떠올리게 된다. 바로 "같은 강에 두 번 발을 담글 수 없다"는 유명한 구절의 주인공이다. 이제 헤라클레이토스에 대해 살펴볼 차례다.

같은 강에 두 번 들어갈 순 없다?

고대 철학이 주는 재미 중 하나를 꼽자면, 나도 모르고 너도 모르고 우리 모두 모른다는 점이라고 하겠다. 물론 모른다는 게 '이해를 못한다'는 뜻은 아니다. 다만 '어떤 것을 의미한 것인지 확실하지 않다'는 뜻이다. 고대 철학자들은 그야말로 옛날 사람들이다보니 지금까지 전해지는 자료가 충분하지 않고, 자료가 있더라도 고대 그리스어를 어떻게 번역하느냐에 따라 그 의미가 달라질 수도 있기 때문이다.

소크라테스 이전 철학자들이 특히 이런 경우인데, 그중에서도 헤라클레이토스는 유독 수수께끼 같은 말을 한 사

계단 아래서 턱을 괴고 앉아있는 인물이 헤라클레이토스다
_라파엘로 〈아테네 학당〉

람으로 유명하다. 그의 화법 자
체도 모호한데 그 내용까지 모호
해서, 후세뿐 아니라 동시대의 사람
들도 어려워했다고 한다.

  헤라클레이토스의 사상 중 가장 유명한 것은 세상의 모
든 것은 **끊임없는 변화**의 상태에 있다는 것이다. 마치 강
물처럼 한순간도 고정되지 않고 계속해서 흘러간다고 그
는 말한다. 이러한 맥락에서 함께 등장하는 것이 "같은 강
에 두 번 들어갈 수 없다"는 것인데, 이건 헤라클레이토스

의 수수께끼 같은 말을 플라톤이 그 나름대로 다듬은 버전이다. 헤라클레이토스의 원문과 가장 가까울 것으로 추정되는 버전을 한국어로 번역해보면 대략 "동일하게 유지되는 강에 들어가는 이들에게 다른 것 그리고 다른 물이 흐른다."라고 할 수 있다. 이 문장을 읽고 동일하게 유지되는 것이 강이라고 해석할 수도 있고 혹은 강에 들어가는 이들이 동일하게 유지되는 것이라고도 해석할 수 있다. 해석 가능한 방향이 하나여도 다양한 해석이 존재하는데, 그 방향까지 여럿이니 이 말은 두고두고 후대 철학자들에 의해 다양하게 해석되어 왔다.

언뜻 보면 '다른 물'이 흐르는 '동일한 강'이라는 이 문장은 모순되는 듯이 느껴지지만, 계속해서 새로운 물이 흘러가야 비로소 강이 존재할 수 있다고 생각해보면 꼭 모순적이지만도 않다. 단순히 '강'의 정의를 생각하는 것에서 벗어나 이 문장을 비유적으로 읽어본다면 다른 해석도 가능해진다. 끊임없이 다른 물이 흘러야만 즉 계속해서 변화함으로써만 일관된 상태로 존재할 수 있다고 말이다.

언제나 동일한 상태를 유지하기 위해서 오히려 끊임없는 움직임이 요구되는 경우는 결코 드물지 않다. 샤부샤부

흐르는 강물에 샤부샤부

냄비 속 육수를 처음부터 끝까지 동일한 온도, 동일한 맛으로 존재하게 하기 위해선 그냥 처음의 상태 그대로 놔둬선 안 된다. 불을 줄였다가 키웠다가, 육수가 졸아들면 간이 너무 세지니까 물을 더 붓는 등 육수를 이루는 모든 요소가 계속해서 달라져야 한다.

이런 해석, 즉 일관된 상태는 오히려 계속되는 변화를 필요로 한다는 건 어쩌면 헤라클레이토스의 사상 전반을 고려한 더욱 자연스러운 해석일지도 모른다. 그는 정반대되는 요소들이 사실은 서로 같은 것이라고 이야기하곤 했기 때문이다. 헤라클레이토스는 우리가 살아 있으면서도 죽어 있고, 깨어 있으면서도 잠들어 있으며, 젊으면서도 늙었다고 말한다. 반대되는 요소들은 서로가 서로를 향해 변해간다는 점에서 동일한 것이라고 말이다.

뭔가 굉장히 심오하고, 이 세계의 원리를 담고 있는 것 같아 숭고한 느낌이 들기도 하지만, 그리 먼 곳에서 예를 찾을 필요는 없다. 날것과 익은 것이라는 두 속성도 그렇다. 샤부샤부 냄비 속에서 날것의 재료들이 그 경계를 확실히 정할 수 없이 익은 상태로 변해가는 모습을 보고 있자면 아무래도 헤라클레이토스의 말처럼 반대되는 두 속성은 확실히 연결되어 있는 것 같다고 느끼게 되니까.

재미있는 점은 헤라클레이토스가 이처럼 끊임없이 변화해가는 세상을 설명하기 위한 원리로 불을 내세웠다는 점이다. 그렇지 않아도 샤부샤부의 불을 조절해야 한다고 말한 참에, 신기한 우연이 아닐 수 없다. 그가 불을 세상의 원리로 가정한 이유는 앞서 등장한 그의 사상들을 뒷받침해줄 수 있는 자연물로 불이 가장 적합했기 때문일 것이다. 타오르는 불꽃을 상상해보라. 그릇에 고요히 담겨 있는 물이나 정적인 흙과는 달리, 불은 그 높낮이를 계속해서 변화시키며 타오른다. 공기도 계속해서 운동을 하긴 하지만, 불은 그 변화의 움직임을 눈으로 생생히 확인할 수 있다는 점에서 결정적으로 차이가 난다.

이렇게 변화 자체를 명확히 보여주는 불은 심지어 변화를 일으키는 원인으로도 작용한다. 샤부샤부를 끓이기 시작하면 국물이 보글보글 끓다가 그중 일부는 수증기가 되어 날아간다. 물이 끓게 만들고, 액체 상태에서 기체 상태로 변화할 수 있는 힘을 제공하는 것이 바로 불이다. 또한 숯불 위에서 고기를 올렸을 때, 날고기를 익혀줌으로써 날것과 익은 것이라는 정반대의 속성이 결국은 동일한 변화

흐르는 강물에 샤부샤부

샤부샤부는 끊임없이 변화하는 중이다

의 과정이라는 걸 보여주는 것도 불이다. 이러한 까닭에 헤라클레이토스는 이 세상의 모든 것들은 결국 불이 그 모습을 바꾼 것이라고 생각했다. 즉 이 세계 자체가 하나의 거대한 불과 같다고 말이다.

알쏭달쏭한 헤라클레이토스의 말이 도통 이해하기 어렵다고 해서 후대 사람들이 그의 철학에 관심을 덜 준 것은 아니다. 오히려 알쏭달쏭하기 때문에 더욱 흥미를 끌었는지, 소크라테스 이전 철학자들 중에서는 가장 영향력이 있는 인물 중 하나라고 해도 과언이 아닐 정도로 헤라클레이토스의 사상은 많은 인기를 자랑해왔다. 사람들은 그가 한 말에 대해 다양한 해석을 내놓고, 그 해석을 또 반박하며 새로운 해석을 발전시켰다.

수수께끼 같은 그의 철학은, 갑론을박의 끊임없는 논의가 있기에 비로소 알쏭달쏭한 상태로 존재할 수 있는 걸지도 모른다. 끝없이 물이 흘러가기에 일관된 상태의 강으로 존재할 수 있는 것처럼 말이다. 아니, 오히려 '알쏭달쏭함'과 '명확함'이라는 서로 반대되는 속성이 동일한 것으로서 헤라클레이토스의 철학에 공존하고 있다고 해야 할까? 확실히 대답하긴 어렵지만, 한 가지는 확실해진 듯하다. 그는 역시 수수께끼 같은 사람이라는 사실이다.

흐르는 강물에 샤부샤부

12

철학, 삶의 소금과 후추

중학교 역사 시간에 후추를 얻기 위하여 유럽에서 전쟁이 벌어졌다는 이야기를 들으면서 놀라기도 하고 웃기기도 했다. 첫째로는 부엌으로 가면 으레 보이는, 몇천 원으로 손에 넣을 수 있는 후추가 뭐 그리 대단하고 전쟁까지 일으켰는지 상상이 안 갔고, 둘째로는 조금이라도 더 맛있게 먹겠다고 목숨 걸고 싸운 인간들이 참 징하다 싶었다.

그 당시 후추가 신문물이고 식욕은 인간의 가장 큰 욕구 중 하나란 걸 생각하더라도 후추 전쟁은 여전히 내겐 마음에 와닿지 않는 사건이었는데, 직접 음식을 만들어 먹기 시작하면서 이야기가 달라졌다. 후추를 얻고자 전쟁까지 일으킨 옛날 사람들의 마음이 절절하게 공감되었기 때문이다.

계란찜 하나라도 만들어본 적 있는 사람이라면 알 것이다. 소금을 넣고 안 넣고의 차이가 얼마나 큰지. 음식을 만들 때 적절한 간은 생명이다. 단순히 먹을 수 있는 상태의 음식이, 양념을 하고 나면 비로소 맛있게 먹을 수 있는 요리로 변한다. 방금까지 니 맛 내 맛도 없던 토마토 수프가 어떻게 소금과 후추, 파슬리만 넣었다고 이렇게 맛있어질 수 있는지, 정말 마법 같다는 생각이 절로 든다.

각종 화려한 향신료가 없어도, 소금과 후추만 있으면 원하는 맛은 얼추 다 낼 수 있다. 토마토 수프에 파슬리가 빠져도 소금이랑 후추가 있다면 감칠맛과 시원함이 깃든다. 소금은 고기의 경우엔 감칠맛뿐만 아니라 질감에도 변화를 준다. 고기를 요리하기 전에 염지 과정을 거치는 것은 맛과 식감에 모두 좋은 변화를 불러온다.

이처럼 먹는 것에 있어 필수 불가결해 보이는 소금과 후추지만, 사실 이 두 가지가 없다고 해서 생존에 문제가 생기는 건 아니다. 나트륨은 생명 유지에 필수적이지만 죽

철학, 삶의 소금과 후추

지 않을 만큼의 나트륨은 자연식품으로부터 충분히 얻을 수 있다. 조미료로서의 소금은 어디까지나 '맛'을 위한 목적이 크다. 후추는 애초에 영양가를 더하지도 않는다. 음식의 풍미를 끌어올려 주는 역할을 할 뿐이다. 소금과 후추 없이 살던 시대의 사람들도, 도저히 맛은 없을지라도 그냥저냥 먹고 살 수는 있었다.

하지만 소금과 후추를 넣은 음식의 맛을 한번 보고 나면, 도저히 이전의 흐리멍덩한 요리를 먹는 삶으로 돌아가기 어려울 것이다. 그러니 그동안 후추가 없던 상황에서 처음 맛본 후추의 위력은 사람들을 전쟁으로 이끌고도 남았겠구나 싶었다. 소금과 후추만 있으면 이렇게 달라지는데! 단순히 배만 채우던 일이, 온갖 감각이 살아나는 행복한 시간으로 바뀌는데 말이다! 그래서 전쟁을 했구나. 중세시대로 돌아가 절절히 공감한다.

내 삶에도 소금과 후추 같은 존재가 있다. 한 번 뿌려본 후 그 맛에 반해 그만 뿌릴 수가 없게 되어버린 것, 바로 철학 이야기다. 왜 하필 소금과 후추에 비교하냐면, 철학을 안 한다고 해서 삶에 지장이 생기진 않기 때문이다. 오히려 귀찮은 일이 하나 준 것일 수도 있다. 요리에서 간을 맞추는 일을 생략한다면 조리 과정이 하나 줄어드는 것과 같이. 그런데 맛있으니까 계속 소금을 치고 후추를 뿌릴 수밖에 없다. 철학도 그렇다. 굳이 철학을 공부하는 건 꽤 수고로운 일이지만, 한번 공부를 해보고 나니 그 맛에 빠져서 계속 공부하고 싶어진다.

소금이 짠맛을 더해 음식의 간을 맞추고 그 결과 음식의 차원을 바꾸어준다면, 철학은 '철학만이 다룰 수 있는 질문'을 생각하고 거기에 답을 내보게 해줌으로써 삶에 새로운 차원을 부여해준다. 내가 철학을 안 배우더라도 책이나 영화를 보고 나서 한번쯤 '좋음'이란 무엇일까 고민해보는 일이 있을지 모른다. 하지만 과연 "'좋음'을 애초에 정의할 수 있기는 한 것일까"라고 고민해볼 일이 있을까? 단언컨대 나는 메타윤리학을 공부하기 전까지 태어나서 20년이 넘도록 단 한 번도 그런 질문을 해본 적이 없었다. 그런데 이런 경험을 하고 나니 그다음부터는 자꾸 신경이 쓰이는 거다. 이제까지는 들여다본 적 없었던, 그리고 들여다볼 필요도 느끼지 못했던 이면의 차원이.

내가 너무나 당연하게 받아들이고 있던 것들 그리고 답하기 어려우니까 애초에 생각해볼 마음도 들지 않았던 것들. 이런 문제들을 철학을 통해 탐구하다 보니 내가 살아가는 하루하루를 조금 다르게 마주하게 됐다. 마치 여태껏 땅 위에서만 살다가 어느 날 하늘 위로 올라가 이전까지는 보지 못했던 시야로 세계를 바라볼 수 있게 된 것 같달까. 이 세계를 대하는 방법에는 이런 방식도 있구나 싶었

삶에도 음식에도 소금이 필요하다

다. 내가 보지 못했던 곳까지 보게 해주고, 생각하지 못했던 그림까지 보게 해주는 철학은 그야말로 소금처럼 살아가는 맛의 차원을 끌어올려 줬다.

고기를 소금과 후추에 찍어 먹는 것도 맛있지만, 고기를 조리할 때 소금과 후추를 쓰면 더 맛있다. 소금물에 재워둔 고기는 수분을 머금어 훨씬 부드러워지고, 고기에서 냄새가 난다면 후추로 잡으면 된다. 고기를 편하게 먹게 해주는 일등 공신이다. 철학도 나를 더 편하게 만들어준다. 삶을 훨씬 쾌적하게 해주기 때문이다. 제대로 된 담론을 위해서는 먼저 언어부터 정립해야 한다는 건 괜히 하는 말이 아니다. 마땅한 도구가 있어야 현상을 보다 제대로 분석할 수 있기 때문이다. 그런 의미에서 철학은 내가 경험하는 세계를 정돈된 방식으로 알게 해주는 도구다.

논리학에서의 좋은 논증이 무엇인지를 배우고 나니, 말이나 생각을 할 때는 그것이 제대로 된 논리 위에 세워진 것인지 의식하게 된다. 다른 사람의 말을 받아들일 때도 마찬가지다. 예전에는 그냥 들으면 듣는 대로 머릿속에 집어넣었다면 이제는 아무리 멋진 말이라도 그 말이 과연 타당한지, 타당하지 않다면 어떤 점 때문인지 조금이라도 생각해볼 수 있게 되었다. 덕분에 여러 생각이 마구잡이로 쌓이는 것이 아니라 칸막이 서랍장에 넣어져 차곡차곡 분류된다. 물론 넣을 만한 가치가 없는 건 애초에 버리기도 하고 말이다. 이러니 체감으로 확 느껴진다. 머릿속이 깔끔해진다는 게 말이다. 내가 받아들이는 방식 자체에 체계가 잡히니 이제 내가 경험하는 모든 것들을 보다 편하게 받아들일 수 있다.

　　　원래 과학을 전공하던 내가 철학으로 막 전공을 바꿨을 무렵, 한 수업에서 "철학은 실용적인 가치가 있냐"라는 질문을 다 함께 생각해본 적이 있다. 흥미롭고 놀라웠다. 과학을 공부할 땐 아무도 묻지 않았던 질문. 그리고 쉽사리 대답하기 어려운 질문. 그날 우리가 내렸던 결론은 철학은 실용적이지 않아도 가치 있을 수 있다는 것에 가까웠다.

　　하지만 이상하게도 나는 철학을 공부하면 할수록 철학이 실용적이라는 생각을 떨칠 수가 없었다. 철학이 내 삶의 경험을 얼마나 향상해 주는데. 실용의 정의는 실질적으로 유용하다는 것 아닌가. 내 삶 속에서 일어나는 긍정적인 변화를 내가 실제로 체감할 수 있다면, 그것만으로 이미 철학은 실용적이라고 할 수 있지 않을까?

요리에서 소금과 후추의 실용성을 부정할 수 있는 사람은 아마 없을 것이다. 철학이 삶에 있어 소금과 후추의 역할을 해준다면, 하물며 그 대상이 내가 살아가는 삶이라면 분명 철학은 그 어떤 것보다 실용적이라고 나는 생각하고 마는 것이다.

이러니 계속 삶에 철학을 뿌리게 된다. 완성된 요리에서 차지하고 있는 소금과 후추의 부피를 계산해보면 그 양은 정말 미미할 것이다. 이 적은 양으로 음식에 마법을 부리는 소금과 후추처럼, 철학이 삶에 가져오는 변화 또한 마법 같다고 느낀다면 너무 철학과스러운 감상일까? 거창하게 삶이라는 단어를 사용할 필요도 없다. 그냥 내가 보내는 하루하루에 이전에는 없었던 감칠맛이 더해진다. 밋밋했던 일상에 간이 밴다. 이제 철학을 뿌리지 않은 하루하루는 도저히 재미가 없는 것이다.

나는 음식에서 소금과 후추가 벌이는 마법도 믿지만, 철학이 내 삶에서 벌이는 마법도 믿는다. 그래서 앞으로도 계속해서 삶에 철학을 뿌려볼 생각이다. 후추를 위한 전쟁처럼 목숨을 걸어야 할 일이 있을까? 어쩌면 취직이 안 돼서 진지하게 생계를 걱정해야 할 일이 있으려나? 그렇다면 공통점이 하나 더 늘어난 셈이다. 그러니까 더 자신 있게 말할 수 있다. 삶에 철학을 뿌려보세요, 정말 맛있어진답니다!

철학, 삶의 소금과 후추

　나는 철학이 게임 같다는 생각을 자주 한다. 정해진 룰을 알려주고, 그 룰을 따라서 가장 높은 점수를 얻는 사람이 이기는 게임. 사람들은 흔히 무엇이 옳고 그른가에 대한 얘기만 나오면 감정이 격해지는지 좀처럼 남의 말을 듣지 않고 자신이 믿는 바를 되풀이하는 경향이 있다. 하지만 각자 하고 싶은 말만 반복하는 상황에서는 그 어떤 결론도 나올 수 없다. 상황이 진전되지 않는다. 철학은 이와 같은 상황에서 '게임의 룰'을 알려준다.

　"다들 자기가 믿는 바를 주장으로 얘기해. 하지만 그러려면 우선 네 주장을 최대한 그럴듯하게 만드는 논증을 함께 준비해야 해. 논증을 만들 때는 논리학에 있는 규칙을 참고하고. 그럼 이제 이 중에서 가장 맞는 말을, 규칙을 위반하는 일 없이 하는 사람이 이기는 거야."

이 게임장에서는 남이 무슨 소리를 하건 일단 내가 생각하는 바가 맞다고 떼쓰는 건 안 먹힌다. 강제 퇴장이다. 반박하고 싶으면 규칙에 따라서 조목조목 반박해야 한다. 일단 상대가 무슨 이야기를 하는 건지 정리해서 받아들이고 뭐가 문제인지 따져야 한다. 그래야 합법적으로 게임에서 이길 수 있다.

개중에는 규칙을 아주 잘 지키면서도 아예 상식에서 벗어난, 딴 세상 이야기 같은 내용을 가지고 나오는 사람도 있다. 새로운 정의와 새로운 가정하에서 내놓는 그들의 주장은 무척 낯선 것이어서 듣기조차 힘들지도 모른다. 하지만 단순히 내용이 마음에 안 든다고 상대의 주장에 대해 일갈해버릴 순 없다. 룰 위반이기 때문이다. 만약 이들의 주장을 검토해봤는데 규칙에 위배되는 사항이 하나도 없었다면, 그 내용이 아무리 내 마음에 안 드는 것일지라도 일단은 그들의 주장을 받아들여야 좋은 플레이어가 될 수 있다.

세상이 게임 속 던전이라면 더 강력한 무기를 가지고 있을수록 유리하다. 플레이어의 직업이 전사라면 말 그대로 아이템을 장착해 '무기'를 들겠지만, 만약 마법사라면 무기 대신 '마법' 스킬을 익힐 것이다. 던전에 출현하는 몬스터는 칼로 때려잡을 수도 있지만 원거리에서 마법을 시전해 잡는 방법도 있다. 흔히 실용학문이라고 일컬어지는 학문이 전사 직업이 사용하는 무기라면, 철학은 마법사의 마법일지도 모른다. 형태는 다르고, 작용하는 방식도 다르지만, 무기를 안 쓴다고 마법사가 몬스터를 못 잡는 게 아니다. 무기처럼, 마법도 충분히 유용하다.

학계에 뜻을 두지 않은 이상 철학 학위만으로는 취업이 거의 불가능하다고 해도 과언이 아니고, 철학을 전공한다고 하면 세상살이에 어수룩할 것이라고 멋대로 납득하는 사람도 있다. 모두 철학을 어딘가 실제적인 것과 동떨어진 공부라고 생각하기 때문일 것이다. 하지만 앞선 글들을 통해 말한 것처럼, 철학은 삶에 실제적인 변화를 가져다준다. 그것도 좋은 방향으로 말이다. 그러한 변화를 발견하는 즐거움에 썼던 글들이 바로 이 책에 담겨 있다.

종종 철학이 '무용'해도 상관없지 않냐고, 오히려 그렇기 때문에 가치 있다는 이야기를 듣는다. 하지만 나는 이런 이야기를 들을 때마다 묻고 싶어진다.

내가 지금 살아가는 하루하루를 더 잘 살아갈 수 있도록 도와주는 게 철학인데, 내 삶에서 이보다 유용한 것이 또 있을지를. 아, 물론 여기에 대한 답은 '잘' 살아간다는 것이 무엇인지부터 규명한 후에야 가능해질 것이다. 그야말로 철학이 다룰 만한 질문이다. 역시, 오늘도 삶에는 철학이 필요하다.

참고문헌

김기현 저, 《현대인식론》, 민음사, 2003.

르네 데카르트 저, 이현복 역, 《방법서설》, 문예출판사, 1997.

르네 데카르트 저, 이현복 역, 《성찰》, 문예출판사, 1997.

빌헬름 라이프니츠 저, 배선복 역, 《모나드론 외》, 책세상, 2007.

빌헬름 라이프니츠 저, 윤선구 역, 《형이상학 논고》, 아카넷, 2010.

줄리 E. 메이비 저, 김동욱 외 역, 《헤겔의 변증법》, 전기가오리, 2017.

마티아스 슈토이프 저, 한상기 역, 《현대인식론 입문》, 서광사, 2008.

에피쿠로스 저, 오유석 역, 《쾌락》, 문학과지성사, 1998.

진태원 외 저, 《서양근대철학의 열 가지 쟁점》, 창비, 2004.

임마누엘 칸트 저, 최재희 역, 《순수이성비판》, 박영사, 2009.

앤서니 케니 저, 김성호 역, 《고대철학》, 서광사, 2008.

H. G. 크릴 저, 이성규 역, 《공자: 인간과 신화》, 지식산업사, 2007.

플라톤 저, 박종현 역, 《국가》, 서광사, 2015.

G. W. F. 헤겔 저, 임석진 역, 《정신현상학》, 지식산업사, 1988.

Sir Anthony Kenny, 《A Brief History of Western Philosophy》, Wiley-Blackwell, 1998.

고효주, 〈헤겔 『정신현상학』에 나타난 의식과 자기의식의 변증법〉, 이화여자대학교 대학원, 2015.

김선희, 〈격물궁리지학, 격치지학, 격치학 그리고 과학 – 서양 과학에 대한 동아시아의 지적 도전과 곤경-〉, p. 119-157, 개념과 소통 17권 0호, 한림과학원, 2016.

이행훈, 〈철학 : 새 문명을 향한 원동력〉, 경향신문, 2013.4.5.

Graham, Daniel W., "Heraclitus", 《The Stanford Encyclopedia of Philosophy (Fall 2019 Edition)》, Edward N. Zalta (ed.), 2019.